관계 법령과 판례 수록

여성 근로자 가사 근로자

보호와 지원제도 살펴보기

이기욱 편저

⚖️ 법문북스

머 리 말

  산업사회가 급속하게 발전하면서 과거와 달리 요즘에는 여성근로자의 숫자가 남성근로자와 비슷하거나 그 이상인 사업장이 많습니다. 우리나라 전체근로자는 2천 2백만 명에 달하고, 그중 여성 근로자가 1천 3백만 명이나 됩니다. 자연히 이들의 권리 증진에 대한 요구도 높아졌으며, 여성근로자를 보호할 수 있는 법률과 정책이 날로 바뀌게 되었습니다.

  현행 헌법은 제32조 제4항에서 여성의 근로는 특별한 보호를 받으며, 고용·임금 및 근로조건에 있어서 부당한 차별을 받지 않는다고 규정하고, 근로기준법은 제5장에서 여성근로자를 보호할 수 있는 특별보호 규정을 두고 있습니다. 그러나 나날이 증가하고 있는 여성근로자를 보호하는데 미흡한 점들이 있어 특별법으로 1987년 12월 「남녀고용평등법」을 제정하였습니다. 이 법은 고용에 있어서 남녀의 평등한 기회 및 대우를 보장하고, 모성을 보호하며, 직업능력을 개발함으로써 근로여성의 복지증진에 기여하려는 목적으로 제정되었으며, 그동안 수차 개정을 거쳐 지금은 「남녀고용평등과 일·가정 양립 지원에 관한 법률」로 바뀌었습니다.

  또 사적 영역으로 간주되었던 가사노동이 저출산·고령화 추세로 점차 시장화되고 있으며, 여성의 경제활동 참여가 늘면서 가사서비스 수요가 지속적으로 증가하고 있는데, 가사서비스 시장은 대부분 직업소개소나 사인을 매개로 한 비공식 영역에 머물러 있어 가사서비스의 품질 보증과 가사근로자의 보호에 미흡한 측면이 있었습니다. 특히, 현행 노동관계 법령은 가사사용인, 가구 내 고용활동에 대해서는 적용을 배제하고 있어, 가사근로자의 열악한 근로조건을 개선할 필요성이 있어 「가사근로자의 고용개선 등에 관한 법률」이 2021년 6월에 제정되어 시행되고 있습니다.

이 책에서는 여성근로자와 가사근로자가 법에서 보호받고 지원하는 제도들을 제1편에서 여성근로자에 대해, 제2편에서는 가사근로자의 보호와 지원 등에 대한 자세한 절차를 관련 해설과 함께 알기 쉽게 풀이하여 체계적으로 정리하였습니다. 부록에서는 관계법령과 판례 등을 정리하였습니다. 이러한 자료들은 대법원의 종합법률정보, 법제처의 생활법령정보, 고용노동부의 자료 등을 참고하였으며, 이를 종합적으로 정리하고 분석하여 일목요연하게 편집하였습니다.

　이 책이 여성근로자와 가사근로자가 보호나 지원제도를 잘 몰라서 혜택을 제대로 받지 못하고 계신 분이나 또 이들에게 조언을 하고자 하는 실무자에게 큰 도움이 되리라 믿으며, 열악한 출판시장임에도 불구하고 흔쾌히 출간에 응해 주신 법문북스 김현호 대표에게 감사를 드립니다.

편저자

차 례

제1편 여성근로자

제2편 가사근로자

제1편
여성근로자

제1장

여성의 사회진출

PART Ⅰ. 여성의 고용

1. 여성의 고용차별 금지

1-1. 여성근로의 보호

1-1-1. 여성근로의 특별보호

① 모든 국민은 근로의 권리를 가집니다(「대한민국헌법」 제32조 제1항 전단).

② 국가는 사회적·경제적 방법으로 근로자의 고용의 증진과 적정임금의 보장에 노력해야 하고, 법률이 정하는 바에 따라 최저임금제를 시행해야 합니다(「대한민국헌법」 제32조 제1항 전단).

■ **대법원판례**

【판시사항】

유니온 숍 협정의 인적 효력 범위 및 신규로 입사한 근로자가 지배적 노동조합에 대한 가입 및 탈퇴 절차를 별도로 경유하지 않고 지배적 노동조합이 아닌 노동조합에 이미 가입한 경우, 사용자가 유니온 숍 협정을 들어 신규 입사 근로자를 해고할 수 있는지 여부(소극)

【판결요지】

헌법 제33조 제1항, 제11조 제1항, 제32조 제1항 전문, 노동조합 및 노동관계조정법 제5조 본문, 제81조 제2호, 근로기준법 제23조 제1항 등 관련 법령의 문언과 취지 등을 함께 고려하면, 근로자에게는 단결권 행사를 위해 가입할 노동조합을 스스로 선택할 자유가 헌법상 기본권으로 보장되고, 나아가 근로자가 지배적 노동조합에 가입하지 않거나 그 조합원 지위를 상실하는 경우 사용자로 하여금 그 근로자와의 근로관계를 종료시키도록 하는 내용의 유니온 숍 협정이 체결되었더라도 지배적 노동조합이 가진 단결권과 마찬가지로 유니온 숍 협정을 체결하지 않은 다른 노동조합의 단결권도 동등하게 존중되어야 한다. 유니온 숍 협정이 가진 목적의 정당성을 인정하더라도, 지배적 노동조합이 체결한 유니온 숍 협정은 사용자를 매개로 한 해고의 위협을 통해 지배적 노동조합에 가입하도록 강제한다는 점에서 허용 범위가 제한적일 수밖에 없다. 이러한 점들을 종합적으로 고려하면, 근로자의 노동조합 선택의 자유 및 지배적 노동조합이 아닌 노동조합의 단결권이 침해되는 경우에까지 지배적 노동조합이 사용자와 체결한 유니온 숍 협정의 효력을 그대로 인정할 수는 없고, 유니온 숍 협정의 효력은 근로자의 노동조합 선택의 자유 및 지배적 노동조합이 아닌 노동조합의 단결권이 영향을 받지 아니하는 근로자, 즉 어느 노동조합에도 가입하지 아니한 근로자에게만 미친다. 따라서 신규로 입사한 근로자가 노동조합 선택의 자유를 행사하여 지배적 노동조합이 아닌 노동조합에 이미 가입한 경우에는 유니온 숍 협정의 효력이 해당 근로자에게까지 미친다고 볼 수 없고, 비록 지배적 노동조합에 대한 가입 및 탈퇴 절차를 별도로 경유하지 아니하였더라도 사용자가 유니온 숍 협정을 들어 신규 입사 근로자를 해고하는 것은 정당한 이유가 없는 해고로서 무효로 보아야 한다*[대법원 2019. 11. 28., 선고, 2019두47377, 판결].*

③ 여성의 근로는 특별한 보호를 받으며, 고용·임금 및 근로조건에서 부당한 차별을 받지 않도록 규정하고 있습니다(「대한민국헌법」 제32조 제4항).

■ 대법원판례

【판시사항】

유니온 숍 협정의 인적 효력 범위 및 신규로 입사한 근로자가 지배적 노동조합에 대한 가입 및 탈퇴 절차를 별도로 경유하지 않고 지배적 노동조합이 아닌 노동조합에 이미 가입한 경우, 사용자가 유니온 숍 협정을 들어 신규 입사 근로자를 해고할 수 있는지 여부(소극)

【판결요지】

헌법 제33조 제1항, 제11조 제1항, 제32조 제1항 전문, 노동조합 및 노동관계조정법 제5조 본문, 제81조 제2호, 근로기준법 제23조 제1항 등 관련 법령의 문언과 취지 등을 함께 고려하면, 근로자에게는 단결권 행사를 위해 가입할 노동조합을 스스로 선택할 자유가 헌법상 기본권으로 보장되고, 나아가 근로자가 지배적 노동조합에 가입하지 않거나 그 조합원 지위를 상실하는 경우 사용자로 하여금 그 근로자와의 근로관계를 종료시키도록 하는 내용의 유니온 숍 협정이 체결되었더라도 지배적 노동조합이 가진 단결권과 마찬가지로 유니온 숍 협정을 체결하지 않은 다른 노동조합의 단결권도 동등하게 존중되어야 한다. 유니온 숍 협정이 가진 목적의 정당성을 인정하더라도, 지배적 노동조합이 체결한 유니온 숍 협정은 사용자를 매개로 한 해고의 위협을 통해 지배적 노동조합에 가입하도록 강제한다는 점에서 허용 범위가 제한적일 수밖에 없다. 이러한 점들을 종합적으로 고려하면, 근로자의 노동조합 선택의 자유 및 지배적 노동조합이 아닌 노동조합의 단결권이 침해되는 경우에까지 지배적 노동조합이 사용자와 체결한 유니온 숍 협정의 효력을 그대로 인정할 수는 없고, 유니온 숍 협정의 효력은 근로자의 노동조합 선택의 자유 및 지배적 노동조합이 아닌 노동조합의 단결권이 영향을 받지 아니하는 근로자, 즉 어느 노동조합에도 가입하지 아니한 근로자에게만 미친다. 따라서 신규로 입사한 근로자가 노동조합 선택의 자유를 행사하여 지배적 노동조합이 아닌 노동조합에 이미 가입한 경우에는 유니온 숍 협정의 효력이 해당 근로자에게까지 미친다고 볼 수 없고, 비록 지배적 노동조합에 대한 가입 및 탈퇴 절차를 별도로 경유하지 아니하였더라도 사용자가 유니온 숍 협정을 들어 신규 입사 근로자를 해고하는 것은 정당한 이유가 없는 해고로서 무효로 보아야 한다[대법원 2019. 11. 28., 선고, 2019두47377, 판결].

■ 대법원판례

【판시사항】

여성 근로자들이 전부 또는 다수를 차지하는 분야의 정년을 다른 분야의 정년보다 낮게 정한 것이 여성에 대한 불합리한 차별에 해당하는지 판단하는 방법

【판결요지】

여성 근로자들이 전부 또는 다수를 차지하는 분야의 정년을 다른 분야의 정년보다 낮게 정한 것이 여성에 대한 불합리한 차별에 해당하는지는, 헌법 제11조 제1항에서 규정한 평등의 원칙 외에도 헌법 제32조 제4항에서 규정한 '여성근로에 대한 부당한 차별 금지'라는 헌법적 가치를 염두에 두고, 해당 분야 근로자의 근로 내용, 그들이 갖추어야 하는 능력, 근로시간, 해당 분야에서 특별한 복무규율이 필요한지 여부나 인력수급사정 등 여러 사정들을 종합적으로

고려하여 판단하여야 한다[대법원 2019. 10. 31., 선고, 2013두20011, 판결].

1-1-2. 여성의 사회진출 지원

국가, 지방자치단체 및 사업주는 여성의 직업능력 개발 및 향상을 위해 모든 직업능력 개발 훈련에서 남녀에게 평등한 기회를 보장해야 합니다(「남녀고용평등과 일·가정 양립 지원에 관한 법률」 제16조).

1-2. 성(性)을 이유로 한 고용차별 금지

1-2-1. 차별과 불리한 조치

① '차별'이란 사업주가 근로자에게 성별, 혼인, 가족 안에서의 지위, 임신 또는 출산 등의 사유로 합리적인 이유 없이 채용 또는 근로의 조건을 다르게 하거나 그 밖의 불리한 조치를 하는 경우를 말합니다(「남녀고용평등과 일·가정 양립 지원에 관한 법률」 제2조 제1호 본문).

② 그 밖의 불리한 조치에 해당하는 경우란 사업주가 채용조건이나 근로조건은 동일하게 적용하더라도 그 조건을 충족할 수 있는 남성 또는 여성이 다른 한 성(性)에 비하여 현저히 적고 그에 따라 특정 성에게 불리한 결과를 초래하며, 그 조건이 정당한 것임을 증명할 수 없는 경우를 포함합니다(「남녀고용평등과 일·가정 양립 지원에 관한 법률」 제2조 제1호 본문).

③ 다만, 다음의 어느 하나에 해당하는 경우에는 제외됩니다(「남녀고용평등과 일·가정 양립 지원에 관한 법률」 제2조 제1호 단서).
  - 직무의 성격에 비추어 특정 성이 불가피하게 요구되는 경우
  - 여성 근로자의 임신·출산·수유 등 모성보호를 위한 조치를 하는 경우
  - 그 밖에 「남녀고용평등과 일·가정 양립 지원에 관한 법률」 또는 다른 법률에 따라 적극적 고용개선조치를 하는 경우

【판시사항】

사용자가 직제개편을 하면서 여성근로자로 구성된 특정 직군을 개설하여 다른 직군 간 이동과 특정 직군 내 직급승진을 허용하지 않았고, 이후 다시 직제개편을 하면서 특정 직군을 폐지하고 여성근로자에게 승진의 기회를 부여하였으나 종전의 승진에서의 불이익을 제거하지 아니한 경우, 여성근로자에게 하위직급의 조기정년 규정을 적용하는 것은 남녀고용평등법 제2조 제1항에서 정한 '차별'에 해당한다고 한 사례

【판결요지】

사용자가 직제개편을 하면서 여성근로자로 구성된 특정 직군을 개설하여 다른 직군 간 이동과 특정 직군 내 직급승진을 허용하지 않았고, 이후 다시 직제개편을 하면서 특정 직군을 폐지하고 여성근로자에게 승진의 기회를 부여하였으나 종전의 승진에서의 불이익을 제거하지 아니한 경우, 여성근로자에게 하위직급의 조기정년 규정을 적용하는 것은 남녀고용평등법 제2조 제1항에서 정한 '차별'에 해당한다고 한 사례*서울고법 2006. 1. 12., 선고, 2004누8851, 판결 : 상고*.

1-2-2. 모집과 채용에서 차별금지

① 사업주는 근로자를 모집하거나 채용할 때 남녀를 차별해서는 안 됩니다 (「남녀고용평등과 일·가정 양립 지원에 관한 법률」 제7조 제1항).

② 사업주는 근로자를 모집·채용할 때 직무수행에 필요하지 않은 용모·키·체중 등의 신체조건 및 미혼조건을 제시하거나 요구해서는 안 됩니다(「남녀고용평등과 일·가정 양립 지원에 관한 법률」 제7조 제2항).

1-2-3. 차별금지 적용의 예외

동거하는 친족만으로 구성된 사업 또는 사업장과 가사사용인에 대해서는 「남녀고용평등과 일·가정 양립 지원에 관한 법률」이 적용되지 않습니다 (「남녀고용평등과 일·가정 양립 지원에 관한 법률」 제3조 제1항 단서 및 「남녀고용평등과 일·가정 양립 지원에 관한 법률 시행령」 제2조 제1항).

2. 여성근로자에 대한 차별금지

2-1. 임금차별금지

① 사업주는 동일한 사업 내의 동일 가치 노동에 대하여 동일한 임금을 지급해야 합니다(「남녀고용평등과 일·가정 양립 지원에 관한 법률」 제8조 제1항).

② 사업주가 임금차별을 목적으로 설립한 별개의 사업은 동일한 사업으로 봅니다(「남녀고용평등과 일·가정 양립 지원에 관한 법률」 제8조 제3항).

③ 동일 가치 노동의 기준은 직무 수행에서 요구되는 기술, 노력, 책임 및 작업 조건 등으로 하고, 사업주가 그 기준을 정할 때에는 노사협의회의 근로자를 대표하는 위원의 의견을 들어야 합니다(「남녀고용평등과 일·가정 양립 지원에 관한 법률」 제8조 제2항).

④ 이를 위반하여 동일한 사업 내의 동일 가치의 노동에 대하여 동일한 임금을 지급하지 아니한 경우 사업주는 3년 이하의 징역 또는 3천만원 이하의 벌금에 처해집니다(「남녀고용평등과 일·가정 양립 지원에 관한 법률」 제37조 제2항 제1호).

■ **대법원판례**

【판시사항】

'동일가치의 노동'의 의미 및 이를 판단하는 기준

【판결요지】

일반적으로 '동일가치의 노동'이란 해당 사업장 내에서 서로 비교되는 근로자 간의 노동이 동일하거나 실질적으로 거의 같은 성질의 노동 또는 직무가 다소 다르더라도 객관적인 직무평가 등에 따라 본질적으로 동일한 가치가 있다고 인정되는 노동에 해당하는 것을 말한다. 동일가치의 노동인지는 직무 수행에서 요구되는 기술, 노력, 책임과 작업조건을 비롯하여 근로자의 학력·경력·근속연수 등의 기준을 종합적으로 고려하여 판단하여야 한다(*대법원 2020.*

11. 26., 선고, 2019다262193, 판결].

【판시사항】

[1] 구 남녀고용평등법 제8조 제1항에서 정한 '동일가치의 노동'의 의미
와 판단 기준

[2] 사업자가 동일한 사업 내에서 근무하는 남녀근로자가 제공하는 노동
이 동일한 가치인데도 합리적 이유 없이 여성근로자에게 남성근로자
보다 적은 임금을 지급할 경우, 구 남녀고용평등법 제8조 제1항을
위반한 행위로서 불법행위를 구성하는지 여부(적극) 및 이 경우 손해
배상책임의 범위

【판결요지】

[1] 구 남녀고용평등법(2007. 12. 21. 법률 제8781호 '남녀고용평등과
일·가정 양립 지원에 관한 법률'로 개정되기 전의 것) 제8조 제1항은
"사업주는 동일한 사업 내의 동일가치의 노동에 대하여는 동일한 임
금을 지급하여야 한다."고 규정하고 있는바, '동일가치의 노동'이란
당해 사업장 내의 서로 비교되는 남녀 간의 노동이 동일하거나 실질
적으로 거의 같은 성질의 노동 또는 그 직무가 다소 다르더라도 객
관적인 직무평가 등에 의하여 본질적으로 동일한 가치가 있다고 인
정되는 노동에 해당하는 것을 말한다. 동일가치의 노동인지는 같은
조 제2항에서 정한 직무 수행에서 요구되는 기술, 노력, 책임 및 작
업조건을 비롯하여 근로자의 학력·경력·근속연수 등의 기준을 종합적
으로 고려하여 판단하여야 하는데, 여기서 '기술'은 자격증, 학위, 습
득된 경험 등에 의한 직무수행능력 또는 솜씨의 객관적 수준을, '노
력'은 육체적 및 정신적 노력, 작업수행에 필요한 물리적 및 정신적
긴장 즉, 노동 강도를, '책임'은 업무에 내재한 의무의 성격·범위·복
잡성, 사업주가 당해 직무에 의존하는 정도를, '작업조건'은 소음,
열, 물리적·화학적 위험, 고립, 추위 또는 더위의 정도 등 당해 업무
에 종사하는 근로자가 통상적으로 처하는 물리적 작업환경을 말한다.

[2] 구 남녀고용평등법(2007. 12. 21. 법률 제8781호 '남녀고용평등과
일·가정 양립 지원에 관한 법률'로 개정되기 전의 것, 이하 같다)은

헌법의 평등이념에 따라 고용에서 남녀의 평등한 기회와 대우를 보장함으로써 남녀고용평등을 실현하려는 데 입법 목적이 있다. 위와 같은 구 남녀고용평등법의 입법 목적에 비추어 보면, 사업주가 동일한 사업 내에서 근무하는 남녀근로자가 제공하는 노동이 동일한 가치임에도 합리적인 이유 없이 여성근로자에 대하여 남성근로자보다 적은 임금을 지급할 경우 이는 구 남녀고용평등법 제8조를 위반하는 행위로서 불법행위를 구성하고, 사업주는 임금차별을 받은 여성근로자에게 그러한 차별이 없었더라면 받았을 적정한 임금과 실제 받은 임금의 차액 상당 손해를 배상할 책임이 있다*(대법원 2013. 3. 14., 선고, 2010다101011, 판결).*

2-2. 복리후생에서 차별금지

① 사업주는 임금 외에 근로자의 생활을 보조하기 위한 금품의 지급 또는 자금의 융자 등 복리후생에서 남녀를 차별해서는 안 됩니다(「남녀고용평등과 일·가정 양립 지원에 관한 법률」 제9조).

② 이를 위반하여 임금 외에 근로자의 생활을 보조하기 위한 금품의 지급 또는 자금의 융자 등 복리후생에서 남녀를 차별한 경우 사업주는 500만원 이하의 벌금에 처해집니다(「남녀고용평등과 일·가정 양립 지원에 관한 법률」 제37조 제4항 제2호).

2-3. 교육·배치·승진에서 차별금지

① 사업주는 근로자의 교육·배치 및 승진에서 남녀를 차별해서는 안 됩니다(「남녀고용평등과 일·가정 양립 지원에 관한 법률」 제10조).

② 이를 위반하여 근로자의 교육·배치 및 승진에서 남녀를 차별한 경우 사업주는 500만원 이하의 벌금에 처해집니다(「남녀고용평등과 일·가정 양립 지원에 관한 법률」 제37조 제4항 제3호).

2-4. 정년·퇴직 및 해고에서 차별금지

① 사업주는 근로자의 정년·퇴직 및 해고에서 남녀를 차별해서는 안 됩니다(「남녀고용평등과 일·가정 양립 지원에 관한 법률」 제11조 제1항).

② 또한 여성 근로자의 혼인, 임신 또는 출산을 퇴직 사유로 예정하는 근로계약을 체결해서는 안 됩니다(「남녀고용평등과 일·가정 양립 지원에 관한 법률」 제11조 제2항).

③ 이를 위반하여 근로자의 정년·퇴직 및 해고에서 남녀를 차별하거나 여성 근로자의 혼인, 임신 또는 출산을 퇴직사유로 예정하는 근로계약을 체결하는 경우 사업주는 5년 이하의 징역 또는 3천만원 이하의 벌금에 처해집니다(「남녀고용평등과 일·가정 양립 지원에 관한 법률」 제37조 제1항).

■ 명백한 차별행위에 해당하는지 여부

Q. 이번에 새로 입사한 회사의 근무규정에 여성근로자는 결혼을 하거나 임신을 하면 퇴사하여야 한다는 규정이 있었습니다. 회사에서는 결혼은 준비과정에서 많은 시간이 소모되고, 임신 후 일을 하는 것은 산모에게도 좋지 않을뿐더러 출산 등으로 자리를 비울 경우 원만한 근무가 이루어지기 어렵다기 때문에 부득이 퇴사를 요구하고 있다고 합니다. 취업으로 가계가 안정되면 임신을 계획할 생각이었던 지라 이러한 근무조건이 도저히 이해가 가지 않습니다. 명백한 차별행위 아닌가요?

A. 네. 사업주는 근로자의 정년·퇴직 및 해고에서 남녀를 차별해서는 안 됩니다. 여기에서 '차별'은 사업주가 근로자에게 성별, 혼인, 가족 안에서의 지위, 임신 또는 출산 등의 사유로 합리적인 이유 없이 채용 또는 근로의 조건을 다르게 하거나 그 밖의 불리한 조치를 하는 경우를 말합니다.

◇ 여성근로자에 대한 차별금지

① 여성의 근로는 특별한 보호를 받으며, 고용·임금 및 근로조건에서 부당한 차별을 받지 않도록 규정하고 있습니다.

② 사업주는 근로자의 정년·퇴직 및 해고에서 남녀를 차별해서는 안 됩니다.

③ 또한 여성근로자의 혼인, 임신 또는 출산을 퇴직 사유로 예정하는 근로계

약을 체결해서는 안 됩니다.

◇ 위반시 제재

이를 위반하여 근로자의 정년·퇴직 및 해고에서 남녀를 차별하거나 여성 근로자의 혼인, 임신 또는 출산을 퇴직사유로 예정하는 근로계약을 체결하는 경우 사업주는 5년 이하의 징역 또는 3천만원 이하의 벌금에 처해집니다.

■ 여성은 남성에 비하여 「근로기준법」상 특별한 보호규정이 있다고 하는데, 어떠한 내용인지요?

Q. 저는 여성근로자입니다. 여성은 남성에 비하여 「근로기준법」상 특별한 보호규정이 있다고 하는데, 어떠한 내용인지요?

A. 역사적으로 볼 때 각 나라의 노동보호법은 신체적·생리적 요건이 성인남자 근로자에 비하여 약한 상태에 있는 여자와 연소자를 과중한 근로시간, 야간근로 또는 유해·위험작업으로부터 보호하는 것으로 시작되었으며, 우리나라의 경우에도 「헌법」 제32조, 「근로기준법」 제5장(제64조~제75조), 「남녀고용평등법」등에서는 여자와 연소자의 보호를 주요내용으로 하고 있습니다.

「근로기준법」상 여성근로자의 보호규정을 살펴보면,

첫째, 사용자는 임신 중이거나 산후 1년이 경과되지 아니한 여성은 대통령령이 정하는 도덕상 또는 보건상 유해·위험한 사업에 사용하지 못하도록 규정하고 있으며(같은 법 제65조 제1항, 제3항), 임산부가 아닌 18세 이상의 여성을 위의 보건상 유해·위험한 사업 중 임신 또는 출산에 관한 기능에 유해·위험한 대통령령이 정하는 사업에 사용하지 못한다고 규정하고 있습니다(같은 법 제65조 제2항, 제3항).

둘째, 야간근로 및 휴일근로가 금지됩니다. 즉, 18세 이상의 여성을 오후 10시부터 오전 6시까지의 사이 및 휴일에 근로시키고자 하는 경우에는 당해 근로자의 동의를 얻어야 하고(같은 법 제70조 제1항 상시 5명 이상의 근로자를 사용하는 사업장에 한정), 임산부를 오후 10시부터 오전 6시까지의 사이 및 휴일에 근로시키지 못하고, 다만 산후 1년이 지나지 아니한 여성의 동의가 있는 경우, 임신 중의 여성이 명시적으로 청구하는 경우로서 고용노동부장관의 인가를 얻은 경우에는 예외가 됩니다(같은 법

제70조 제2항).

셋째, 갱내에서의 근로가 금지됩니다(같은 법 제72조).

넷째, 여자근로자에게는 시간외근로가 제한됩니다. 같은 법 제71조에서는 사용자는 산후 1년이 지나지 아니한 여성에 대하여는 단체협약이 있는 경우라도 1일에 2시간, 1주일에 6시간, 1년에 150시간을 초과하는 시간 외의 근로를 시키지 못하도록 규정하고 있습니다.

다섯째, 생리휴가를 보장합니다. 같은 법 제73조는 "사용자는 여성근로자가 청구하면 월 1일의 생리휴가를 주어야 한다."라고 규정하고 있습니다(상시 5명 이상의 근로자를 사용하는 사업장에 한정).

여섯째, 산전·산후 휴가를 주고 있습니다. 같은 법 제74조에서는 사용자는 임신 중의 여성에게 산전·산후를 통하여 90일의(한 번에 둘 이상 자녀를 임신한 경우에는 120일) 보호휴가를 주어야 하고, 이 경우 산후에 45일(한 번에 둘 이상 자녀를 임신한 경우에는 60일) 이상 확보되도록 하여야 하며, 임신 중인 여성이 유산 또는 사산한 경우에도 대통령령으로 정하는 바에 따라 보호휴가를 주어야 하고, 위 휴가 중 최초 60일(한 번에 둘 이상 자녀를 임신한 경우에는 75일)은 유급으로 하여야 하고, 또한 임신 중의 여성근로자의 청구가 있는 경우에는 쉬운 종류의 근로에 전환시켜야 하며 시간외근로를 시키지 못하도록 규정하고 있으며 사업주에게 산전·산후 휴가 종료 후에는 휴가 전과 동일한 업무 또는 동등한 수준의 임금을 지급하는 직무에 복귀시킬 의무를 부여하고 있어, 위 보호휴가를 이유로 직무복귀에 있어 불이익을 당하지 않도록 규정하고 있습니다. 나아가 사용자는 임신 후 12주 이내 또는 36주 이후에 있는 여성 근로자가 1일 2시간의 근로시간 단축을 신청하는 경우 이를 허용하여야 하며 위 근로시간 단축을 이유로 해당 근로자의 임금을 삭감할 수 없도록 규정하고 있습니다.(신설 2014.3.24.).

일곱째, 육아시간을 보장하고 있습니다. 근로기준법 제75조에서 사용자는 "생후 1년 미만의 유아를 가진 여성근로자가 청구하면 1일 2회 각각 30분 이상의 유급 수유시간을 주어야 한다."라고 규정하고 있습니다(상시 5명 이상의 근로자를 사용하는 사업장에 한정).

따라서 귀하의 경우 「근로기준법」상 위에서 언급한 것과 같은 내용을 보장받을 권리가 있다 하겠습니다.

3. 적극적 고용개선조치

3-1. 적극적 고용개선조치의 개념 및 적용대상

3-1-1. 적극적 고용개선조치란?

① 적극적 고용개선조치란 현존하는 남녀 간의 고용차별을 없애거나 고용평등을 촉진하기 위해 잠정적으로 특정 성(性)을 우대하는 조치를 말합니다(「남녀고용평등과 일·가정 양립 지원에 관한 법률」 제2조 제3호).

② 적극적 고용개선조치란 적극적 조치(Affirmative Action)를 고용부분에 적용한 개념으로 국가, 지방자치단체 또는 사업주 등이 현존하는 고용상의 차별을 해소하거나 고용평등을 촉진하기 위하여 잠정적으로 취하는 모든 조치 및 그에 수반되는 절차를 말합니다. 적극적 고용개선조치는 능력주의나 업적주의를 침해하지 않는 방법으로 소수집단의 대표성을 확대시켜가는 방식입니다(적극적 고용조치 홈페이지 제도소개).

3-1-2. 적극적 고용개선조치 제도의 적용 대상

고용노동부장관은 다음의 어느 하나에 해당하는 사업주로서 고용하고 있는 직종별 여성 근로자의 비율이 산업별·규모별로 「남녀고용평등과 일·가정 양립 지원에 관한 법률 시행규칙」 별표 2에 따른 고용 기준에 미달하는 사업주에 대해서는 차별적 고용관행 및 제도 개선을 위한 적극적 고용개선조치 시행계획을 수립하여 제출할 것을 요구할 수 있습니다(「남녀고용평등과 일·가정 양립 지원에 관한 법률」 제17조의3 제1항 전단, 「남녀고용평등과 일·가정 양립 지원에 관한 법률 시행령」 제4조 제1항 및 제2항).

1. 「공공기관의 운영에 관한 법률」 제4조에 따른 공공기관
2. 「지방공기업법」 제49조에 따른 지방공사
3. 「지방공기업법」 제76조에 따른 지방공단
4. 「독점규제 및 공정거래에 관한 법률」 제31조 제1항 및 「독점규제 및 공정거래에 관한 법률 시행령」 제38조 제1항에 따라 지정된 공시대상기업집단 사업의 경우 300명 이상 근로자를 고용하는 사업
5. 4.외의 사업의 경우 상시근로자 500명 이상을 고용하고 있는 사업

■ 남녀고용평등과 일·가정 양립 지원에 관한 법률 시행규칙 [별표 2]

여성 근로자의 고용 기준에 미달하는 사업(제10조 관련)

1. 상시 1,000명 미만의 근로자를 고용하는 사업의 경우

　가. 여성 근로자의 고용비율이 해당 사업이 속한 산업별 전(全) 직종 여성 근로자의 고용비율 평균(해당 산업에 속하는 사업 중 상시 1,000명 미만의 근로자를 고용하는 사업의 전 직종 여성 근로자의 고용비율 평균을 말한다)의 70퍼센트에 미달하는 사업. 다만, 여성 근로자의 고용비율이 50퍼센트 이상인 사업은 제외한다.

　나. 여성 관리자의 고용비율이 해당 사업이 속한 산업별 여성 관리자의 고용비율 평균(해당 산업에 속하는 사업 중 상시 1,000명 미만의 근로자를 고용하는 사업의 여성 관리자의 고용비율 평균을 말한다)의 70퍼센트에 미달하는 사업

2. 상시 1,000명 이상의 근로자를 고용하는 사업의 경우

　가. 여성 근로자의 고용비율이 해당 사업이 속한 산업별 전 직종 여성 근로자의 고용비율 평균(해당 산업에 속하는 사업 중 상시 1,000명 이상의 근로자를 고용하는 사업의 전 직종 여성 근로자의 고용비율 평균을 말한다)의 70퍼센트에 미달하는 사업. 다만, 여성 근로자의 고용비율이 50퍼센트 이상인 사업은 제외한다.

　나. 여성 관리자의 고용비율이 해당 사업이 속한 산업별 여성 관리자의 고용비율 평균(해당 산업에 속하는 사업 중 상시 1,000명 이상의 근로자를 고용하는 사업의 여성 관리자의 고용비율 평균을 말한다)의 70퍼센트에 미달하는 사업

※ 비고

1. 여성 근로자의 고용비율 및 여성 관리자의 고용비율은 법 제17조의3 제1항에 따라 해당 사업의 사업주가 제출하는 남녀 근로자 현황을 기준으로 다음 각 목과 같이 산정(算定)한다.

　가. 여성 근로자의 고용비율 = 여성 근로자 수/근로자 수

　나. 여성 관리자의 고용비율 = 여성 관리자 수/관리자 수

2. 산업별 적용방법은 각 사업장별로 그 주된 사업의 종류에 따라 다음과 같

이 적용한다.

가. 사업의 종류는 「통계법」에 따라 통계청장이 고시하는 한국표준산업분류에 따라 적용 사업장의 최종 산출물, 완성품, 제공되는 서비스의 주된 내용에 따라 대분류 기준에 따르는 것을 원칙으로 하되, 다음과 같이 조정하여 적용한다.

  1) 농업, 임업, 어업 및 광업은 통합

  2) 제조업은 산업 중분류를 기준으로 경공업 1, 경공업 2, 경공업 3, 화학공업 1, 화학공업 2, 중공업 1, 중공업 2 및 전자산업으로 분류

    가) 경공업 1: 제조업 중분류 중 식료품 제조업, 음료 제조업, 담배 제조업

    나) 경공업 2: 제조업 중분류 중 섬유제품 제조업(의복 제외), 의복·액세서리 및 모피제품 제조업, 가죽·가방 및 신발 제조업, 인쇄 및 기록매체 복제업, 기타 제품 제조업

    다) 경공업 3: 제조업 중분류 중 목재 및 나무제품 제조업(가구 제외), 펄프·종이 및 종이제품 제조업, 가구 제조업

    라) 화학공업 1: 제조업 중분류 중 의료용 물질 및 의약품 제조업

    마) 화학공업 2: 제조업 중분류 중 코크스·연탄 및 석유정제품 제조업, 화학물질 및 화학제품 제조업(의약품 제외), 고무제품 및 플라스틱제품 제조업

    바) 중공업 1: 제조업 중분류 중 비금속 광물제품 제조업, 금속가공제품 제조업(기계 및 가구 제외), 기타 기계 및 장비 제조업, 자동차 및 트레일러 제조업, 산업용 기계 및 장비 수리업

    사) 중공업 2: 제조업 중분류 중 1차 금속 제조업, 기타 운송장비 제조업

    아) 전자산업: 제조업 중분류 중 전자부품·컴퓨터·영상·음향 및 통신장비 제조업, 의료·정밀·광학기기 및 시계 제조업, 전기장비 제조업

  3) 건설업은 산업 중분류를 기준으로 하여 종합 건설업과 전문직별 공사업으로 분류

    가) 종합 건설업

    나) 전문직별 공사업

  4) 숙박 및 음식점업은 산업 중분류를 기준으로 하여 숙박업과 음식점

및 주점업으로 분류

　　가) 숙박업

　　나) 음식점 및 주점업

5) 운수업은 산업 중분류를 기준으로 하여 육상운송 및 수상운송 관련 업과 항공운송업으로 분류

　　가) 육상운송 및 수상운송 관련업: 운수업 중분류 중 육상운송 및 파이프라인 운송업, 수상 운송업, 창고 및 운송 관련 서비스업

　　나) 항공 운송업

6) 전문, 과학 및 기술 서비스업은 산업 중분류를 기준으로 연구개발 및 전문서비스 관련업과 기술 서비스 관련업으로 분류

　　가) 연구개발 및 전문서비스 관련업: 전문, 과학 및 기술 서비스업 중분류 중 연구개발업, 전문서비스업, 기타 전문, 과학 및 기술 서비스업

　　나) 기술 서비스 관련업: 전문, 과학 및 기술 서비스업 중분류 중 건축기술, 엔지니어링 및 기타 과학기술 서비스업

7) 사업시설 관리, 사업 지원 및 임대 서비스업은 산업 중분류를 기준으로 사업시설 관리 관련업 및 사업지원 서비스업으로 분류

　　가) 사업시설 관리 관련업: 사업시설 관리, 사업 지원 및 임대 서비스업 중분류 중 사업시설 관리, 조경 서비스업 및 임대업(부동산 제외)

　　나) 사업지원 서비스업: 사업시설 관리, 사업 지원 및 임대 서비스업 중분류 중 사업지원 서비스업

8) 공공행정, 국방 및 사회보장 행정, 가구 내 고용활동 및 달리 분류되지 않은 자가소비 생산활동, 국제 및 외국기관은 통합

나. 같은 사업장에서 둘 이상의 사업을 하는 경우 종사하는 근로자 수가 가장 많은 사업을 기준으로 산업분류를 적용한다.

다. 하나의 사업주가 장소가 분리된 둘 이상의 사업장을 경영하면서 사업의 종류가 각각 다른 경우 각 사업별로 산업분류를 적용한다.

3. 직종의 적용방법은 「통계법」에 따라 통계청장이 고시하는 한국표준직업분류에 따라 대분류 기준을 따르고, 관리자란 각급 부서 단위 책임자로서 조직의 다른 부서 또는 외부기관에 대하여 소관부서를 대표하고 그 내부 부서의 정책과 활동을 기획·지휘 및 조정하는 업무를 수행하며, 부서원을 감독·평가하는 위치에 있는 사람을 말한다.

3-2. 적극적 고용개선조치 시행계획의 수립 및 제출

3-2-1. 적극적 고용개선조치 제도 주요절차

> 적극적 고용개선조치 적용대상 기업은 **매년 4월30일까지** 직종별/직급별 남녀근로자 및 임금현황을 제출합니다.

↓

여성고용기준 충족	여성고용기준 미달
동종산업 유사규모 여성근로자 및 여성 관리자 비율 **평균의 70% 충족한** 기업은 시행계획서, 이행실적보고서 제출의무 없음	동종산업 유사규모 여성근로자 및 여성 관리자 비율 **평균의 70% 미달한** 기업은 시행계획서, 이행실적보고서 제출의무 부과

3-2-2. 적극적 고용개선조치 시행계획서 제출

적극적 고용개선조치의 시행계획을 제출하여야 하는 사업주는 적극적 고용개선조치 시행계획서에 다음의 사항이 모두 포함된 세부 시행계획서를 첨부하여 매년 4월30일 까지 지방고용노동관서에 제출하여야 합니다(「남녀고용평등과 일·가정 양립 지원에 관한 법률」 제17조의3 제1항, 「남녀고용평등과 일·가정 양립 지원에 관한 법률 시행규칙」 제11조 및 별지 제4호서식).

1. 다음의 사항이 포함된 남녀인력 활용 수준의 적정성 분석

   가. 사업별 남녀인력 활용의 적정성 분석

   나. 남녀인력 활용의 불균형이 심한 경우에는 모집·채용·승진·배치 등 고용관리의 단계별 문제점 분석

2. 남녀 근로자간 임금격차 분석

3. 해당 연도 1월 1일부터 12월 31일까지 달성할 전(全) 직종 여성 근로자 및 여성 관리자의 고용목표(장기계획이 필요한 경우에는 그 기간 및 최종 고용목표)

4. 다음의 사항이 포함된 고용관리계획서

　가. 다음의 내용을 포함하여 사업주가 추진하여야 하는 각종 남녀 차별적 제도·관행의 개선계획

　　- 여성 근로자 고용목표를 달성하기 위한 취업규칙의 개선

　　- 각종 홍보물 등에 나타난 차별적 요인의 개선

　　- 여성 인력 활용에 관한 인사정책의 고지(告知) 방안

　　- 남녀 근로자 간 임금격차의 개선

　나. 개선 과제별 실행방안 및 연차별 추진 일정

5. 그 밖의 특이 사항

　가. 여성 근로자의 고용비율이 현저하게 낮음에도 불구하고 단기간에 개선하기 어려운 경우에는 그 사유

　나. 「근로기준법」 제65조에 따라 임산부 등의 사용이 금지되는 직종이 대다수를 차지하여 여성 인력을 활용하기 어려운 경우에는 그 내용

　다. 특정 직종에 여성 전공자가 없어 여성 근로자의 고용목표를 정하기 곤란한 경우에는 그 내용

6. 그 밖에 사업주가 여성 근로자 고용 확대를 위하여 필요하다고 판단하는 사항

3-2-3. 적극적 고용개선조치 시행계획의 게시

시행계획을 제출한 사업주는 시행계획 및 이행실적을 근로자가 열람할 수 있도록 이를 게시하는 등 필요한 조치를 하여야 합니다(「남녀고용평등과 일·가정 양립 지원에 관한 법률」 제17조의6).

PART II. 사업주 지원제도

1. 사업주 지원계획

1-1. 출산육아기 고용안정장려금(육아휴직 지원금 및 육아기 근로시간 단축 지원금)

① 출산육아기 고용안정장려금의 지원 대상

근로자에게 육아휴직·육아기 근로시간 단축(이하 "육아휴직등"이라 함)을 30일 이상 허용한 우선지원대상기업의 사업주에게는 고용안정장려금(육아휴직 지원금 및 육아기 근로시간 단축 지원금)을 지급합니다(「고용보험법 시행령」 제29조 제1항 제2호).

② 육아휴직 지원금의 지급 기준

사업주는 근로자 1인당 아래 금액의 육아휴직 지원금을 지급받습니다. 이 경우 근로자가 육아휴직을 사용한 경우 1년을 한도로 지급하고, 1개월에 이르지 못하고 남은 육아휴직 기간이 있는 경우에는 그 일수를 해당 월의 총 일수로 나누어 계산합니다[「고용창출장려금·고용안정장려금의 신청 및 지급에 관한 규정」 제18조 및 별표 5 제1호)].

구분		연간총액	1개월 지급액
육아 휴직	만 12개월 이내*	870만원	첫 3개월 200만원 이후 육아휴직 기간 30만원
	만 12개월 초과	360만원	30만원

* 만 12개월 이내 자녀(임신 중 육아휴직 포함) 대상 3개월 이상 육아휴직 부여 시 적용

1-2. 육아기 근로시간 단축 지원금의 지급 기준

① 사업주는 근로자 1인당 아래 금액의 육아기 근로시간 단축 지원금을 지급받습니다. 이 경우 1년(단, 육아휴직 기간 중 사용하지 아니한 기간이 있으면 그 기간을 가산한 기간)을 한도로 지급하고, 1개월에 이르지 못하고 남은 육아기 근로시간 단축 기간이 있는 경우에는 그 일수를 해당 월의 총 일수로 나누어 계산합니다[「고용창출장려금·고용안정장려금의 신청 및 지급에 관한 규정」 제18조 및 별표 5 제2호)].

구분		연간총액	1개월 지급액
육아기 근로시간 단축	기본	360만원	30만원
	인센티브 적용	480만원	40만원

② 육아기 근로시간 단축을 한 번도 사용하지 않은 사업장의 사업주가 최초로 육아기근로시간 단축을 허용한 경우에는, 세 번째 허용 사례까지 월 10만원을 추가로 지급합니다.

1-3. 육아휴직 등에 대한 고용안정장려금

1-3-1. 지원 대상

고용노동부장관은 피보험자(근로자)에게 육아휴직 또는 육아기 근로시간 단축(이하 "육아휴직 등"이라 함)을 30일(출산전후휴가의 기간과 중복되는 기간은 제외) 이상 허용한 우선지원대상기업의 사업주에게 고용안정장려금을 지급합니다(「고용보험법」 제23조 및 「고용보험법 시행령」 제29조 제1항 제2호).

1-3-2. 지급 금액

① 육아휴직 등에 대한 고용안정장려금은 다음에 해당하는 금액에 근로자가 사용한 육아휴직 등의 개월(「부패방지 및 국민권익위원회의 설치와 운영에 관한 법률」 제2조 제1호 가목에서 다목까지의 규정에 따른 기관 및 「공공기관의 운영에 관한 법률」 제4조부터 제6조까지의 규정에 따라 지정·고시된 공공기관의 근로자가 육아휴직을 한 경우 그 기간은 제외) 수를 곱한 금액으로 하여, 1년을 한도로 지급합니다[「고용보험법 시행령」 제29조제3항, 「고용창출장려금·고용안정장려금의 신청 및 지급에 관한 규정」(고용노동부고시 제2022-139호, 2023. 1. 1. 발령·시행) 제18조 및 별표 5 제1호·제2호].

자녀 연령		연간총액	1개월 지급액
육아휴직	만 12개월 이내 (3개월 이상 육아 휴직 부여 시 적용)	870만원	첫 3개월 200만원, 이후 육아휴직 기간 30만원
	만 12개월 초과	360만원	30만원
육아기 근로시간단축	기본	360만원	30만원
	인센티브 적용	480만원	40만원

② 육아기 근로시간 단축을 한 번도 사용하지 않은 사업장의 사업주가 최초로 육아기 근로시간 단축을 허용한 경우에는, 세 번째 허용 사례까지 월 10만원을 추가로 지급하는 인센티브를 적용합니다.

③ 육아휴직 등의 개월 수는 역(曆)에 의해 계산하고, 이 경우 1개월에 이르지 못하고 남은 육아휴직 등의 기간이 있는 경우에는 그 일수를 해당 월의 총 일수로 나누어 계산합니다(「고용보험법 시행규칙」 제52조).

1-3-3. 지급 시기

① 육아휴직 등에 대한 고용안정장려금의 100분의 50에 해당하는 금액은 사업주가 육아휴직 등을 30일 이상 허용한 경우에 지급하고, 나머지 금액은 해당 사업주가 육아휴직 등을 사용한 근로자를 육아휴직 등이 끝난 후 6개월 이상 피보험자로 계속 고용하는 경우에 합산하여 한꺼번에 지급합니다(「고용보험법 시행령」 제29조 제5항 제1호).

② 종전의 규정에 따라 이미 지급된 1개월분이 있는 경우에는 그 1개월분에 대해서는 적용하지 않고, 2020년 3월 31일 이후 해당 사업주에게 지급하는 출산육아기 고용안정장려금분부터 적용합니다[「고용보험법 시행령」(대통령령 제30593호) 부칙 제5조].

1-3-4. 신청 방법

① 육아휴직 등에 대한 고용안정장려금을 지급받으려는 사업주는 다음의 서류를 소재지 관할 직업안정기관에 제출해야 합니다(「고용보험법 시행규칙」 제51조 제1항 제2호 및 「고용창출장려금·고용안정장려금의 신청 및 지급에 관한 규정」 제19조제3항 단서).
   - 고용안정장려금 지급 신청서(「고용창출장려금·고용안정장려금의 신청 및 지급에 관한 규정」 별지 제12호서식)
   - 피보험자의 육아휴직 등 실시를 증명하는 서류 사본 1부

② 육아휴직 등에 대한 고용안정장려금의 100분의 50에 해당하는 금액은 육아휴직 등을 시작한 날이 속하는 달의 다음 달부터 3개월마다 신청하고, 나머지 금액은 육아휴직 등이 끝난 후 6개월이 지난 날부터 한꺼번에 신청할 수 있습니다(「고용보험법 시행규칙」 제51조 제2항 제1호).

1-4. 대체인력 채용에 대한 고용안정장려금

1-4-1. 지원 대상

① 고용노동부장관은 피보험자(근로자)에게 출산전후휴가, 유산·사산 휴가 또는 육아기 근로시간 단축(이하 "육아기 근로시간 단축 등"이라 함)을 30일 이상 부여하거나 허용하고 대체인력을 고용한 경우로서 다음의 요건을 모두 갖춘 우선지원대상기업 사업주에게 고용안정장려금을 지급합니다(「고용보험법」 제23조 및 「고용보험법 시행령」 제29조 제1항 제3호).

② 사업주는 다음 중 어느 하나에 해당하여야 합니다.
- 육아기 근로시간 단축 등의 시작일 전 2개월이 되는 날(출산전후휴가에 연이어 유산·사산 휴가 또는 육아기 근로시간 단축을 시작하는 경우에는 출산전후휴가 시작일 전 2개월이 되는 날) 이후 새로 대체인력을 고용하여 30일 이상 계속 고용한 경우
- 피보험자인 근로자에게 임신 중에 60일을 초과하여 근로시간 단축을 허용하고 대체인력을 고용한 경우로서 그 근로자가 근로시간 단축 종료에 연이어 육아기 근로시간 단축 등을 시작한 이후에도 같은 대체인력을 계속 고용한 경우. 이 경우 대체인력을 고용한 기간은 30일 이상이어야 함.

③ 2020년 1월 1일 당시 임신 중인 근로자에게 근로시간 단축을 허용하고 대체인력을 고용하고 있는 경우에 대해서도 적용합니다[「고용보험법 시행령」 (대통령령 제30296호) 부칙 제2조].

④ 새로 대체인력을 고용하기 전 3개월부터 고용 후 1년까지(해당 대체인력의 고용기간이 1년 미만인 경우에는 그 고용관계 종료 시까지를 말함) 고용조정으로 다른 근로자(새로 고용한 대체인력보다 나중에 고용된 근로자는 제외)를 이직시키지 않을 것

1-4-2. 지급 금액

① 출산육아기 대체인력 채용에 대한 고용안정장려금(이하 "대체인력지원금"이라 함)은 다음의 금액에 육아기 근로시간 단축 등을 사용한 기간(육아기 근로시간 단축 등을 사용하기 전 2주간의 업무 인수인계기간을 포함) 중 대체인력을 사용한 개월 수를 곱한 금액으로 합니다(「고용보험법 시행령」 제29조 제4항 전단, 「고용창출장려금·고용안정장려금의 신청 및 지급에 관한 규정」 제18조 제2항 및 별표 5 제3호).

구분	인수인계기간 중1개월 지급액	1개월 지급액
우선지원대상기업	120만원	80만원

② 「고용보험법 시행령」 또는 다른 법령에 따라 국가 또는 지방자치단체가 해당 대체인력 채용에 대해 사업주에게 지급하는 지원금 또는 장려금 등이 있는 경우에는 그 지원금 또는 장려금 등의 금액을 뺀 금액으로 하며, 이 경우 대체인력지원금의 금액은 사업주가 해당 대체인력에게 지급한 임금액을 초과할 수 없습니다(「고용보험법 시행령」 제29조 제4항).

③ 대체인력을 사용한 개월 수는 역(曆)에 의해 계산하고, 이 경우 1개월에 이르지 못하고 남은 대체인력 사용 기간이 있는 경우에는 그 일수를 해당 월의 총 일수로 나누어 계산합니다(「고용보험법 시행규칙」 제52조).

1-4-3. 지급 시기

다음의 구분에 따른 금액은 사업주가 피보험자(근로자)에게 육아기 근로시간 단축 등을 30일 이상 부여하거나 허용하고 대체인력을 고용한 경우 지급하고, 나머지 금액은 육아휴직 등을 사용한 근로자를 육아기 근로시간 단축 등이 끝난 후 1개월 이상 피보험자로 계속 고용하는 경우(사업주가 해당 근로자의 자기 사정으로 인하여 1개월 이상 계속 고용하지 못한 경우를 포함)에 합산하여 한꺼번에 지급합니다(「고용보험법 시행령」 제29조 제5항 제2호).

- 업무 인수인계기간: 대체인력지원금의 100분의 100
- 육아기 근로시간 단축 등의 기간: 대체인력지원금의 100분의 50

1-4-4. 신청 방법

① 대체인력지원금을 지급받으려는 사업주는 다음의 서류를 소재지 관할 직업안정기관에 제출해야 합니다(「고용보험법 시행규칙」 제51조 제1항 제2호 및 「고용창출장려금·고용안정장려금의 신청 및 지급에 관한 규정」 제19조 제2항 단서).
- 고용안정장려금 지급 신청서(「고용창출장려금·고용안정장려금의 신청 및 지급에 관한 규정」 별지 제12호서식)
- 피보험자의 육아휴직 등을 증명하는 서류 사본 1부
- 새로 고용한 대체인력의 근로계약서 사본과 월별 임금대장 사본 각 1부

② 대체인력지원금은 다음의 구분에 따라 신청할 수 있습니다(「고용보험법 시행규칙」 제51조 제2항 제2호).
- 업무 인수인계기간에 해당하는 금액 : 육아휴직 등을 시작한 후 30일이 지난 날부터 신청
- 육아휴직 등의 기간에 해당하는 금액 : 육아휴직 등을 시작한 날이 속하는 달의 다음 달부터 3개월마다 신청
- 위에 해당하는 금액을 제외한 나머지 금액: 육아휴직 등이 끝난 후 1개월이 지난 날부터 한꺼번에 신청

1-5. 고용안정장려금 지급제한 등

1-5-1. 지급 제한

고용노동부장관은 2017년 1월 1일 이후 임금 등을 체불하여 규제「근로기준법」 제43조의2에 따라 명단이 공개 중인 사업주에 대해서는 고용안정장려금을 지급하지 않습니다[「고용보험법 시행령」 제29조 제1항 단서 및 부칙(대통령령 제27738호) 제2조].

1-5-2. 금액의 감액

고용노동부장관은 사업주가 근로자를 새로 고용하거나 고용유지조치를 하여 다음의 어느 하나에 해당하게 된 경우에는 그 금액을 빼고 지원할 수 있습니다(「고용보험법」 제26조의2 및 「고용보험법 시행령」 제40조의2).

- 「북한이탈주민의 보호 및 정착지원에 관한 법률」에 따라 지원금 등 금전적 지원을 받는 경우
- 「산업재해보상보험법」에 따라 지원금 등 금전적 지원을 받는 경우
- 「장애인고용촉진 및 직업재활법」에 따라 지원금 등 금전적 지원을 받는 경우
- 그 밖에 국가 또는 지방자치단체로부터 금전적 지원을 받는 경우

2. 경력단절 여성 재고용 등 지원

2-1. 경력단절 여성 재고용 기업 등에 대한 세액공제

① 중소기업 또는 중견기업이 경력단절 여성과 2022년 12월 31일까지 1 년 이상의 근로계약을 체결한 경우에는 고용한 날부터 2년이 되는 날이 속하는 달까지 경력단절 여성에게 지급한 「조세특례제한법시행령」으로 정하는 인건비의 100분의 30(중견기업의 경우 100분의 15)에 상당하는 금액을 과세연도의 소득세 또는 법인세에서 공제받을 수 있습니다(「조세특례제한법」 제29조의3 제1항).

② 경력단절 여성 재고용으로 세액공제를 받기 위해서는 피고용자인 여성이 다음의 모든 조건을 충족하여야 합니다.
 - 해당 기업 또는 해당 기업과 한국표준산업분류상의 중분류를 기준으로 동일한 업종의 기업에서 1년 이상 근무(「조세특례제한법 시행령」으로 정하는 바에 따라 경력단절 여성의 근로소득세가 원천징수되었던 사실이 확인되는 경우로 한정)한 후 결혼·임신·출산·육아 및 자녀교육의 사유로 퇴직하였을 것
 - 위에 따른 사유로 퇴직한 날부터 2년 이상 15년 미만의 기간이 지났을 것
 - 해당 기업의 최대주주 또는 최대출자자(개인사업자의 경우에는 대표자)와 「국세기본법 시행령」 제1조의2제1항에 따른 친족관계인 사람이 아닐 것

2-2. 육아휴직 복귀자 복직 지원

① 중소기업 또는 중견기업이 육아휴직 복귀자를 2020년 12월 31일까지 복직시키는 경우, 근로자가 복직한 날부터 1년이 되는 날이 속하는 달까지 육아휴직 복귀자에게 지급한 인건비의 100분의10(중견기업의 경우 100분의 5)에 상당하는 금액을 해당 과세연도의 소득세 또는 법인세에서 공제받을 수 있습니다. 다만, 해당 중소기업 또는 중견기업의 해당 과세연도의 상시근로자 수가 직전 과세연도의 상시근로자 수보다 감소한 경우에는 공제받을 수 없습니다(「조세특례제한법」 제29조의3 제2항).

② 육아휴직 복귀자 고용기업에 대한 세제혜택은 육아휴직 복귀자의 자녀 1명당 한 차례에 한하여 적용됩니다(「조세특례제한법」 제29조의3 제4항).

③ 육아휴직 복귀자 고용기업 세액공제를 받기 위해서는 복귀한 여성근로자가 다음의 모든 조건을 충족하여야 합니다.
- 해당 기업에서 1년 이상 근무하였을 것
- 만 8세 이하 또는 초등학교 2학년 이하의 자녀(입양한 자녀를 포함)를 양육하기 위해 육아휴직 한 경우로 육아휴직 기간이 연속하여 6개월 이상일 것
- 해당 기업의 최대주주 또는 최대출자자(개인사업자의 경우에는 대표자)와 「국세기본법 시행령」 제1조의2 제1항에 따른 친족관계인 사람이 아닐 것

2-3. 세액공제의 신청

경력단절 여성 재고용 기업 등에 대한 세액공제를 적용받으려는 중소기업 또는 중견기업은 과세표준 신고와 세액공제신청서(「조세특례제한법 시행규칙」 별지 제10호의2서식(1))를 납세지 관할 세무서장에게 제출하여야 합니다(「조세특례제한법」제29조의3 제5항 및「조세특례제한법 시행령」 제26조의3 제5항).

제2장

여성의 근로활동

PART Ⅰ. 여성근로자의 보호

1. 여성근로자를 위한 근무환경

1-1. 야간 및 휴일근로의 제한

① 상시 5명 이상의 근로자를 사용하는 모든 사업 또는 사업장의 사용자는 18세 이상의 여성을 오후 10시부터 오전 6시까지의 시간 및 휴일에 근로시키려면 그 근로자의 동의를 받아야 합니다(「근로기준법」 제70조 제1항 및 제11조 제1항).

② 이를 위반할 경우 2년 이하의 징역 또는 2천만원 이하의 벌금에 처해집니다(「근로기준법」 제110조 제1호).

1-2. 위험한 환경에서의 근로금지

① 상시 5명 이상의 근로자를 사용하는 모든 사업 또는 사업장의 사용자는 임산부가 아닌 18세 이상의 여성을 보건상 유해·위험한 사업 중 임신 또는 출산에 관한 기능에 유해·위험한 사업에 사용해서는 안 됩니다(「근로기준법」 제65조 제2항 및 제11조 제1항).

② 임산부가 아닌 18세 여성근로자의 근로가 금지되는 직종은 다음과 같습니다(「근로기준법 시행령」 제40조 및 별표 4).
- 2-브로모프로판을 취급하거나 노출될 수 있는 업무(다만, 의학적으로 임신할 가능성이 전혀 없는 여성인 경우는 제외)
- 그 밖에 고용노동부장관이 산업재해보상보험및예방심의위원회의 심의를 거쳐 지정하여 고시하는 업무

1-3. 갱내에서의 근로금지

① 사용자는 여성을 갱내(坑內)에서 근로시킬 수 없습니다. 다만, 아래와 같은 업무를 수행하기 위해 일시적으로 필요한 경우에는 예외적으로 허용

될 수 있습니다(「근로기준법」 제72조 및 「근로기준법 시행령」 제42조).

1. 보건, 의료 또는 복지 업무

2. 신문·출판·방송프로그램 제작 등을 위한 보도·취재업무

3. 학술연구를 위한 조사 업무

4. 관리·감독 업무

5. 위의 1.부터 4. 까지의 업무와 관련된 분야에서 하는 실습 업무

② 이를 위반해서 여성을 갱내에서 근로하도록 한 자는 3년 이하의 징역 또는 3천만원 이하의 벌금에 처해집니다(「근로기준법」 제109조).

2. 생리휴가 제도

① 상시 5명 이상의 근로자를 사용하는 모든 사업 또는 사업장의 사용자는 여성 근로자가 청구하면 월 1일의 생리휴가를 주어야 합니다(「근로기준법」 제73조 및 제11조 제1항).

② 이를 위반할 경우 500만원 이하의 벌금에 처해집니다(「근로기준법」 제114조 제1호).

■ 서울고법 판례

【판시사항】

[1] 생리휴가의 법적 성질

[2] 여성근로자가 생리휴가를 사용하지 아니하고 근로한 경우, 사용자는 생리휴가근로수당을 지급하여야 하는지 여부(적극)

[3] 여성근로자가 자유의사로 생리휴가를 사용하지 않은 경우, 수당청구 권까지 포기한 것으로 볼 것인지 여부(소극)

【판결요지】

[1] 생리휴가는 남성과 다른 생리적 특성을 가진 여성근로자의 건강뿐만 아니라 모성보호의 취지에서 우리나라 근로기준법의 '제5장 여성과

소년'란에 특별히 둔 보호규정이므로, 생리휴가는 철저하게 보장되어야 한다. 또한, 생리휴가와 연·월차휴가 모두 "사용자는 … 유급…휴가를 주어야 한다"고 규정하여 사용자에게 동일한 유급휴가 지급의무를 부과하고 있는 점에서 규정내용이 같고, 생리휴가가 제5장 여성과 소년란에 위치하고 있다고 하더라도 사용자에게 보장의무를 지우고 있는 '법정휴가'라는 점에서는 그 법적 성질이 같다.

[2] 여성인 근로자가 생리휴가기일에 휴가를 사용하지 아니하고 근로한 경우에는 근로의무가 면제된 특정일에 추가로 근로를 제공한 것이므로 사용자는 당연히 그 근로의 대가로서 이에 상응하는 생리휴가근로수당도 지급하여야 한다. 연·월차휴가의 경우에도 지급하는 휴가근로수당을, 단지 입법 취지, 목적 및 조문의 위치가 다르다는 점만으로 생리휴가의 경우에 지급하지 않는다면, 이는 여성의 모성을 특별히 보호하기 위한 구 근로기준법(2003. 9. 15. 법률 제6974호로 개정되기 전의 것) 제71조의 취지에 반한다.

[3] 생리휴가근로수당은 휴가일에 제공한 근로에 대한 추가 임금의 성질을 갖는 것으로서, 단지 근로자가 생리휴가를 미사용하였다는 점만으로 사후에 발생한 수당청구권까지 포기하였다고 보기 어렵다[서울고법 2007. 5. 4., 선고, 2006나60054, 판결 : 확정].

■ **여성은 남성에 비하여 「근로기준법」상 특별한 보호규정이 있다고 하는데, 어떠한 내용인지요?**

Q. 저는 여성근로자입니다. 여성은 남성에 비하여 「근로기준법」상 특별한 보호규정이 있다고 하는데, 어떠한 내용인지요?

A. 역사적으로 볼 때 각 나라의 노동보호법은 신체적·생리적 요건이 성인남자 근로자에 비하여 약한 상태에 있는 여자와 연소자를 과중한 근로시간, 야간근로 또는 유해·위험작업으로부터 보호하는 것으로 시작되었으며, 우리나라의 경우에도 「헌법」 제32조, 「근로기준법」 제5장(제64조~제75조), 「남녀고용평등법」등에서는 여자와 연소자의 보호를 주요내용으로 하고 있습니다.

「근로기준법」상 여성근로자의 보호규정을 살펴보면,

첫째, 사용자는 임신 중이거나 산후 1년이 경과되지 아니한 여성은 대통령령이 정하는 도덕상 또는 보건상 유해·위험한 사업에 사용하지 못하도록 규정하고 있으며(같은 법 제65조 제1항, 제3항), 임산부가 아닌 18세 이상의 여성을 위의 보건상 유해·위험한 사업 중 임신 또는 출산에 관한 기능에 유해·위험한 대통령령이 정하는 사업에 사용하지 못한다고 규정하고 있습니다(같은 법 제65조 제2항, 제3항).

둘째, 야간근로 및 휴일근로가 금지됩니다. 즉, 18세 이상의 여성을 오후 10시부터 오전 6시까지의 사이 및 휴일에 근로시키고자 하는 경우에는 당해 근로자의 동의를 얻어야 하고(같은 법 제70조 제1항 상시 5명 이상의 근로자를 사용하는 사업장에 한정), 임산부를 오후 10시부터 오전 6시까지의 사이 및 휴일에 근로시키지 못하고, 다만 산후 1년이 지나지 아니한 여성의 동의가 있는 경우, 임신 중의 여성이 명시적으로 청구하는 경우로서 고용노동부장관의 인가를 얻은 경우에는 예외가 됩니다(같은 법 제70조 제2항).

셋째, 갱내에서의 근로가 금지됩니다(같은 법 제72조).

넷째, 여자근로자에게는 시간외근로가 제한됩니다. 같은 법 제71조에서는 사용자는 산후 1년이 지나지 아니한 여성에 대하여는 단체협약이 있는 경우라도 1일에 2시간, 1주일에 6시간, 1년에 150시간을 초과하는 시간외의 근로를 시키지 못하도록 규정하고 있습니다.

다섯째, 생리휴가를 보장합니다. 같은 법 제73조는 "사용자는 여성근로자가 청구하면 월 1일의 생리휴가를 주어야 한다."라고 규정하고 있습니다(상시 5명 이상의 근로자를 사용하는 사업장에 한정).

여섯째, 산전·산후 휴가를 주고 있습니다. 같은 법 제74조에서는 사용자는 임신 중의 여성에게 산전·산후를 통하여 90일의(한 번에 둘 이상 자녀를 임신한 경우에는 120일) 보호휴가를 주어야 하고, 이 경우 산후에 45일(한 번에 둘 이상 자녀를 임신한 경우에는 60일) 이상 확보되도록 하여야 하며, 임신 중인 여성이 유산 또는 사산한 경우에도 대통령령으로 정하는 바에 따라 보호휴가를 주어야 하고, 위 휴가 중 최초 60일(한 번에 둘 이상 자녀를 임신한 경우에는 75일)은 유급으로 하여야 하고, 또한 임신 중의 여성근로자의 청구가 있는 경우에는 쉬운 종류의 근로에 전환시켜야 하며 시간외근로를 시키지 못하도록 규정하고 있으며 사업주에게 산전·산후 휴가 종료 후에는 휴가 전과 동일한 업무 또는 동등한 수준의 임금을 지급하는 직무에 복귀시킬 의무를 부여하고 있어, 위 보호휴가를 이유로 직무복귀에 있어 불이익을 당하지 않도록 규정하고 있습니다. 나아가 사용자는 임신 후 12주 이내 또는 36주 이후에 있는 여성 근로자가 1일 2시간의 근로시간 단축을 신청하는 경우 이를 허용하여야 하며 위 근로시간 단축을 이유로 해당 근로자의 임금을 삭감할 수 없도록 규정하고 있습니다.(신설 2014.3.24.).

일곱째, 육아시간을 보장하고 있습니다. 근로기준법 제75조에서 사용자는 "생후 1년 미만의 유아를 가진 여성근로자가 청구하면 1일 2회 각각 30분 이상의 유급 수유시간을 주어야 한다."라고 규정하고 있습니다(상시 5명 이상의 근로자를 사용하는 사업장에 한정).

따라서 귀하의 경우 「근로기준법」상 위에서 언급한 것과 같은 내용을 보장받을 권리가 있다 하겠습니다.

PART II. 임산부의 근로보호

1. 임산부를 위한 근무환경

1-1. 보건상 유해장소 등에서의 근무금지

① 사용자는 임신 중이거나 산후 1년이 지나지 않은 여성을 도덕상 또는 보건상 유해·위험한 사업에 사용해서는 안 됩니다(「근로기준법」 제65조 제1항).

② 이를 위반한 경우 3년 이하의 징역 또는 3천만원 이하의 벌금에 처해집니다(「근로기준법」 제109조 제1항).

③ 임산부의 사용이 금지되는 직종은 「근로기준법 시행령」 별표 4에서 확인 할 수 있습니다.

[별표 4] 임산부 등의 사용 금지 직종(제40조 관련)	
구분	**사용 금지 직종**
임신 중인 여성	1. 「원자력안전법」 제91조제2항에 따른 방사선작업종사자 등의 피폭방사선량이 선량한도를 초과하는 원자력 및 방사선 관련 업무 2. 납, 수은, 크롬, 비소, 황린, 불소(불화수소산), 염소(산), 시안화수소(시안산), 2-브로모프로판, 아닐린, 수산화칼륨, 페놀, 에틸렌글리콜모노메틸에테르, 에틸렌글리콜모노에틸에테르, 에틸렌글리콜모노에틸에테르 아세테이트, 염화비닐, 벤젠 등 유해물질을 취급하는 업무 3. 사이토메갈로바이러스(Cytomegalovirus)·B형 간염 바이러스 등 병원체로 인하여 오염될 우려가 큰 업무. 다만, 의사·간호사·방사선기사 등의 면허증을 가진 사람 또는 해당 자격 취득을 위한 양성과정 중에 있는 사람의 경우는 제외한다.

	4. 신체를 심하게 펴거나 굽히면서 해야 하는 업무 또는 신체를 지속적으로 쭈그려야 하거나 앞으로 구부린 채 해야 하는 업무 5. 연속작업에 있어서는 5킬로그램 이상, 단속(斷續)작업에 있어서는 10킬로그램 이상의 중량물을 취급하는 업무 6. 임신 중인 여성의 안전 및 보건과 밀접한 관련이 있는 업무로서 고용노동부령으로 정하는 업무 7. 그 밖에 고용노동부장관이 「산업재해보상보험법」 제8조에 따른 산업재해보상보험및예방심의위원회(이하 "산업재해보상보험및예방심의위원회"라 한다. 이하 이 표에서 같다)의 심의를 거쳐 지정하여 고시하는 업무
산후 1년이 지나지 않은 여성	1. 납, 비소를 취급하는 업무. 다만, 모유 수유를 하지 않는 여성으로서 본인이 취업 의사를 사업주에게 서면으로 제출한 여성의 경우는 제외한다. 2. 2-브로모프로판을 취급하거나 2-브로모프로판에 노출될 수 있는 업무 3. 그 밖에 고용노동부장관이 산업재해보상보험및예방심의위원회의 심의를 거쳐 지정하여 고시하는 업무
임산부가 아닌 18세 이상인 여성	1. 2-브로모프로판을 취급하거나 2-브로모프로판에 노출될 수 있는 업무. 다만, 의학적으로 임신할 가능성이 전혀 없는 여성인 경우는 제외한다. 2. 그 밖에 고용노동부장관이 산업재해보상보험및예방심의위원회의 심의를 거쳐 지정하여 고시하는 업무
18세 미만인 자	1. 「건설기계관리법」, 「도로교통법」 등에서 18세 미만인 자에 대하여 운전·조종면허 취득을 제한하고 있는 직종 또는 업종의 운전·조종업무

	2. 「청소년보호법」 등 다른 법률에서 18세 미만인 청소년의 고용이나 출입을 금지하고 있는 직종이나 업종
	3. 교도소 또는 정신병원에서의 업무
	4. 소각 또는 도살의 업무
	5. 유류를 취급하는 업무(주유업무는 제외한다)
	6. 2-브로모프로판을 취급하거나 2-브로모프로판에 노출될 수 있는 업무
	7. 18세 미만인 자의 안전 및 보건과 밀접한 관련이 있는 업무로서 고용노동부령으로 정하는 업무
	8. 그 밖에 고용노동부장관이 산업재해보상보험및예방심의위원회의 심의를 거쳐 지정하여 고시하는 업무

1-2. 임신기간 중 근로시간 단축의 허용

① 사용자는 임신 후 12주 이내(임신 후 84일까지) 또는 36주 이후(임신 후 246일 이후)에 있는 여성 근로자가 1일 2시간의 근로시간 단축을 신청하는 경우 이를 허용해야 합니다(「근로기준법」 제74조 제7항 본문 및 『2023 모성보호와 일 가정 양립 지원 업무편람』, 고용노동부, 91쪽).

② 임신 후 12주 이내는 12주 0일까지를 말하며, 임신 후 36주 이후는 35주 1일을 말한다(진단서상). 다만, 1일 근로시간이 8시간 미만인 근로자가 신청을 하는 경우에는 근로시간이 6시간이 되도록 근로시간 단축을 허용할 수 있습니다(「근로기준법」 제74조 제7항 단서).

③ 또한 사용자는 근로시간 단축을 이유로 해당 근로자의 임금을 삭감해서는 안 됩니다(「근로기준법」 제74조 제8항).

④ 위반 시 제재
여성근로자가 근로시간 단축을 신청하였음에도 이를 허용하지 않은 사업주에게는 500만원 이하의 과태료가 부과됩니다(「근로기준법」 제116조 제2항 제2호).

2. 임신한 여성근로자의 업무시각 변경

2-1. 출·퇴근 시간 변경

① 사용자는 임신 중인 여성근로자가 1일 소정근로시간을 유지하면서 업무의 시작 및 종료 시각의 변경을 신청하는 경우 이를 허용해야 합니다(「근로기준법」 제74조 제9항 본문).

② 다만, 다음과 같이 정상적인 사업 운영에 중대한 지장을 초래하는 경우에는 허용하지 않을 수 있습니다(「근로기준법」 제74조제9항 단서 및 「근로기준법 시행령」 제43조의3 제2항).
- 정상적인 사업 운영에 중대한 지장을 초래하는 경우
- 업무의 시작 및 종료 시각을 변경하게 되면 임신 중인 여성 근로자의 안전과 건강에 관한 관계 법령을 위반하게 되는 경우

③ 위반 시 제재
임신 중인 여성근로자가 업무시각 변경을 신청하였음에도 이를 허용하지 않은 사업주에게는 500만원 이하의 과태료가 부과됩니다(「근로기준법」 제116조 제2항 제2호).

2-2. 근무시간 중 임산부의 정기검진 허용

① 상시 5명 이상의 근로자를 사용하는 모든 사업 또는 사업장의 사용자는 임신한 여성근로자가 임산부 정기건강진단을 받는데 필요한 시간을 청구하는 경우 이를 허용해 주어야 합니다(「근로기준법」 제74조의2제 1항 및 제11조 제1항).

② 또한 임산부 정기건강진단 시간을 근로자의 임금에서 삭감해서는 안 됩니다(「근로기준법」 제74조의2 제2항).

3. 임산부가 받을 수 있는 각종 혜택

3-1. 임신축하금 지원

① 일부 지방자치단체(김천시·진주시 등)에서는 임산부의 임신을 축하하고자 임신축하금을 지원하고 있습니다.

② 임신축하금 지원제도는 각 지역별로 지원 여부, 지원 내용, 신청 기간 등이 차이가 있으니 자세한 내용은 본인의 거주지 보건소에 문의하시기 바랍니다.

3-2. 임산부를 위한 편의시설의 설치

3-2-1. 공공건물 등 설치 시 임산부 편의시설의 설치 의무

① 임산부 등의 이동과 시설이용의 편리를 도모하고 정보접근을 용이하게 하기 위해「장애인·노인·임산부 등의 편의증진 보장에 관한 법률」은 공원, 공공건물, 공중이용시설, 공동주택, 통신시설 및 그 밖에 임산부의 편의를 위하여 편의시설을 설치할 필요가 있는 건물·시설 및 그 부대시설을 설치하는 시설주등에게 임산부 등이 항상 대상시설을 편리하게 이용할 수 있도록 편의시설을 설치기준에 적합하게 설치하고 유지·관리할 것을 의무화하고 있습니다(「장애인·노인·임산부 등의 편의증진 보장에 관한 법률」 제7조 및 제9조).

② 편의시설을 설치해야 하는 대상시설은「장애인·노인·임산부 등의 편의증진 보장에 관한 법률 시행령」 별표 1에서 확인할 수 있습니다.

■ 장애인·노인·임산부 등의 편의증진 보장에 관한 법률 시행령

[별표 1] 편의시설 설치 대상시설(제3조 관련)

1. 공원

2. 공공건물 및 공중이용시설

가. 제1종 근린생활시설

  1) 수퍼마켓·일용품(식품·잡화·의류·완구·서적·건축자재·의약품·의료기기 등을 말한다. 이하 같다) 등의 소매점으로서 동일한 건축물(하나의 대지 안에 2동 이상의 건축물이 있는 경우에는 이를 동일한 건축물로 본다. 이하 같다) 안에서 당해 용도에 쓰이는 바닥면적의 합계가 50제곱미터 이상 1천제곱미터 미만인 시설

  2) 휴게음식점 · 제과점 등 음료 · 차(茶) · 음식 · 빵 · 떡 · 과자 등을 조리하거나 제조하여 판매하는 시설로서 동일한 건축물 안에서 해당 용도로 쓰이는 바닥면적의 합계가 50제곱미터 이상 300제곱미터 미만인 시설

  3) 이용원·미용원으로서 동일한 건축물 안에서 당해 용도에 쓰이는 바닥면적의 합계가 50제곱미터 이상인 시설

  4) 목욕장으로서 동일한 건축물 안에서 해당 용도로 쓰이는 바닥면적의 합계가 300제곱미터 이상인 시설

  5) 지역자치센터, 파출소, 지구대, 우체국, 보건소, 공공도서관, 국민건강보험공단·국민연금공단·한국장애인고용공단·근로복지공단의 지사, 그 밖에 이와 유사한 용도로서 동일한 건축물 안에서 당해 용도에 쓰이는 바닥면적의 합계가 1천제곱미터 미만인 시설

  6) 대피소

  7) 공중화장실

  8) 의원·치과의원·한의원·조산원 · 산후조리원으로서 동일한 건축물 안에서 당해 용도로 쓰이는 바닥면적의 합계가 100제곱미터 이상인 시설

  9) 지역아동센터로서 바닥면적의 합계가 300제곱미터 이상인 시설

나. 제2종 근린생활시설

  1) 일반음식점으로서 동일한 건축물 안에서 당해 용도로 쓰이는 바닥면적의 합계가 50제곱미터 이상인 시설

  2) 휴게음식점·제과점 등 음료·차·음식·빵·떡·과자 등을 조리하거나 제조하여 판매하는 시설로서 동일한 건축물 안에서 당해 용도로 쓰이는 바닥면적의 합계가 300제곱미터 이상인 시설

  3) 공연장(극장·영화관·연예장·음악당·서커스장 그 밖에 이와 비슷한 것을 말한다. 이하 같다)으로서 관람석의 바닥면적의 합계가 300제곱미터 이상 500제곱미터 미만인 시설

4) 안마시술소로서 동일한 건축물 안에서 당해 용도로 쓰이는 바닥면적의 합계가 500제곱미터 이상인 시설

다. 문화 및 집회시설

1) 공연장으로서 관람석의 바닥면적의 합계가 500제곱미터 이상인 시설

2) 집회장(예식장·공회당·회의장 그 밖에 이와 비슷한 것을 말한다. 이하 같다)으로서 동일한 건축물 안에서 당해 용도에 쓰이는 바닥면적의 합계가 500제곱미터 이상인 시설

3) 관람장(경마장·자동차 경기장 그 밖에 이와 비슷한 것을 말한다. 이하 같다)

4) 전시장(박물관·미술관·과학관·기념관·산업전시장·박람회장 그 밖에 이와 비슷한 것을 말한다. 이하 같다)으로서 동일한 건축물 안에서 당해 용도에 쓰이는 바닥면적의 합계가 500제곱미터 이상인 시설

5) 동·식물원(동물원·식물원·수족관 그 밖에 이와 비슷한 것을 말한다. 이하 같다)으로서 동일한 건축물 안에서 당해 용도에 쓰이는 바닥면적의 합계가 300제곱미터 이상인 시설

라. 종교시설

종교집회장(교회·성당·사찰·기도원 그 밖에 이와 비슷한 것을 말한다)으로서 동일한 건축물 안에서 당해 용도에 쓰이는 바닥면적의 합계가 500제곱미터 이상인 시설

마. 판매시설

도매시장·소매시장·상점으로서 동일한 건축물 안에서 당해 용도로 쓰이는 바닥면적의 합계가 1천제곱미터 이상인 시설

바. 의료시설

1) 병원(종합병원·병원·치과병원·한방병원·정신병원 및 요양병원을 말한다. 이하 같다)

2) 격리병원(전염병원·마약진료소 그 밖에 이와 비슷한 것을 말한다. 이하 같다)

3) 삭제 〈2012.8.22〉

사. 교육연구시설(제2종 근린생활시설에 해당하는 것을 제외한다)

1) 학교(유치원·초등학교·중학교·고등학교·전문대학·대학교, 그 밖에 이에 준하는 각종 학교를 말한다. 이하 같다)

2) 교육원(연수원 그 밖에 이와 비슷한 것을 말한다. 이하 같다)·직업훈련소·학원(자동차학원과 무도학원을 제외한다. 이하 같다) 기타 이와 유사한 용도로서 동일한 건축물 안에서 당해 용도에 쓰이는 바닥면적의 합계가 500제곱미터 이상인 시설

3) 도서관으로서 동일한 건축물 안에서 당해 용도에 쓰이는 바닥면적의 합계가 1천제곱미터 이상인 시설

아. 노유자시설

1) 아동관련 시설(어린이집·아동복지시설, 그 밖에 이와 비슷한 것으로서 제1종 근린생활시설에 해당하지 아니하는 것)

2) 노인복지시설 및 장애인복지시설

3) 그 밖에 다른 용도로 분류되지 아니한 사회복지시설

자. 수련시설

1) 생활권수련시설(청소년수련관·청소년문화의 집·유스호스텔 그 밖에 이와 비슷한 것을 말한다. 이하 같다)

2) 자연권수련시설(청소년수련원·청소년 야영장 그 밖에 이와 비슷한 것을 말한다. 이하 같다)

차. 운동시설(동일한 건축물 안에서 당해 용도에 쓰이는 바닥면적의 합계가 500제곱미터 이상인 시설에 한한다)

1) 체육관

2) 운동장(육상·구기·볼링·수영·스케이트·롤러스케이트·승마·사격·궁도·골프 등의 운동장을 말한다. 이하 같다)과 운동장에 부수되는 건축물

카. 업무시설

1) 공공업무시설 중 국가 또는 지방자치단체의 청사로서 제1종 근린생활시설에 해당하지 아니하는 것

2) 일반업무시설로서 금융업소·사무소·신문사·오피스텔(업무를 주로 하는 건축물이고, 분양 또는 임대하는 구획에서 일부 숙식을 할 수 있도록 한 건축물로서 국토해양부장관이 고시하는 기준에 적합한 것을 말한다) 그 밖에 이와 유사한 용도로서 동일한 건축물 안에서

당해 용도에 쓰이는 바닥면적의 합계가 500제곱미터 이상인 시설

    3) 일반업무시설로서 국민건강보험공단·국민연금공단·한국장애인고용공단·근로복지공단 및 그 지사(동일한 건축물 안에서 해당 용도에 쓰이는 바닥면적의 합계가 1천 제곱미터 이상인 시설만 해당한다)

타. 숙박시설

    1) 일반숙박시설 및 생활숙박시설(객실 수가 30실 이상인 시설에 한정한다. 이하 같다)

    2) 관광숙박시설(관광호텔·수상관광호텔·한국전통호텔·가족호텔·호스텔·소형호텔·의료관광호텔 및 휴양콘도미니엄을 말한다. 이하 같다)

파. 공장

물품의 제조·가공(염색·도장·표백·재봉·건조·인쇄 등을 포함한다) 또는 수리에 계속적으로 이용되는 건출물로서 「장애인고용촉진 및 직업재활법」에 따라 장애인고용의무가 있는 사업주가 운영하는 시설

하. 자동차관련시설

    1) 주차장

    2) 운전학원

거. 교정시설

교도소 및 구치소

너. 방송통신시설

방송국·전신전화국 그 밖에 이와 유사한 용도로서 동일한 건축물 안에서 당해 용도로 쓰이는 바닥면적의 합계가 1천제곱미터 이상인 시설

더. 묘지관련시설

    1) 화장시설

    2) 봉안당(종교시설에 해당하는 것을 제외한다)

러. 관광휴게시설

    1) 야외음악당·야외극장·어린이회관 기타 이와 유사한 용도로서 동일한 건축물 안에서 당해 용도에 쓰이는 바닥면적의 합계가 1천제곱미터 이상인 시설

    2) 휴게소로서 동일한 건축물 안에서 당해 용도에 쓰이는 바닥면적의 합계가 300제곱미터 이상인 시설

머. 장례식장[의료시설의 부수시설(「의료법」 제36조제1호에 따른 의료기관의 종류에 따른 시설을 말한다)에 해당하는 것은 제외한다. 이하 같다]으로서 동일한 건축물 안에서 해당 용도에 쓰이는 바닥면적의 합계가 500제곱미터 이상인 시설

3. 공동주택

　가. 아파트

　나. 연립주택(세대수가 10세대 이상인 주택에 한한다)

　다. 다세대주택(세대수가 10세대 이상인 주택에 한한다)

　라. 기숙사 : 학교 또는 공장 등의 학생 또는 종업원 등을 위하여 사용되는 것으로서 공동취사 등을 할 수 있는 구조이되, 독립된 주거의 형태를 갖추지 아니한 것으로 30인 이상이 기숙하는 시설에 한한다.

4. 통신시설

　가. 공중전화

　나. 우체통

비고: 제5조제3호 단서에 따른 공중이용시설은 다음 각 호에 해당하는 시설을 말한다.

1. 제2호가목(1)·(2)·(3) 및 같은 호 나목(1)의 시설 중 동일한 건축물 안에서 해당 용도에 쓰이는 바닥면적의 합계가 50제곱미터 미만인 시설

2. 제2호가목(4)의 시설 중 동일한 건축물 안에서 해당 용도에 쓰이는 바닥면적의 합계가 300제곱미터 미만인 시설

3. 제2호가목(8)의 시설 중 동일한 건축물 안에서 해당 용도에 쓰이는 바닥면적의 합계가 100제곱미터 미만인 시설

---

③ 대상시설별로 설치해야 하는 편의시설의 종류 및 그 설치기준은 「장애인·노인·임산부 등의 편의증진 보장에 관한 법률 시행령」 별표 2에서 확인할 수 있습니다.

■ 장애인·노인·임산부 등의 편의증진 보장에 관한 법률 시행령

[별표 2] 대상시설별 편의시설의 종류 및 설치기준(제4조관련)

1. 삭제 〈2006.1.19〉
2. 공원

편의시설의 종류	설치기준
가. 장애인 등의 출입이 가능한 출입구	공원 외부에서 내부로 이르는 출입구는 주출입구를 포함하여 적어도 하나 이상을 장애인등의 출입이 가능하도록 유효폭·형태 및 부착물 등을 고려하여 설치하여야 한다.
나. 장애인등의 통행이 가능한 보도	공원시설(공중이 직접 이용하는 시설에 한한다)에 접근할 수 있는 공원안의 보도중 적어도 하나는 장애인등이 통행할 수 있도록 유효폭·기울기와 바닥의 재질 및 마감 등을 고려하여 설치하여야 한다.
다. 장애인 등의 이용이 가능한 화장실	장애인 등이 편리하게 이용할 수 있도록 구조, 바닥의 재질 및 마감과 부착물 등을 고려하여 설치하되, 장애인용 대변기는 남자용 및 여자용 각 1개 이상을 설치하여야 하며, 영유아용 거치대 등 임산부 및 영유아가 안전하고 편리하게 이용할 수 있는 시설을 구비하여 설치하여야 한다.
라. 점자블록	공원과 도로 또는 교통시설을 연결하는 보도에는 점자블록을 설치하여야 한다.
마. 시각장애인 유도 및 안내설비	시각장애인의 공원이용 편의를 위하여 공원의 주출입구부근에 점자안내판·촉지도식 안내판·음성안내장치 또는 기타 유도신호장치를 설치할 수 있다.

편의시설의 종류	설치기준
바. 장애인등의 이용이 가능한 매표소·판매기 또는 음료대	매표소(장애인등의 이용이 가능한 자동발매기를 설치한 경우와 시설관리자등으로부터 별도의 상시서비스가 제공되는 경우를 제외한다)·판매기 및 음료대는 장애인등이 편리하게 이용할 수 있도록 형태·규격 및 부착물등을 고려하여 설치하여야 한다. 다만, 동일한 장소에 2곳 또는 2대이상을 각각 설치하는 경우에는 그중 1곳 또는 1대만을 장애인등의 이용을 고려하여 설치할 수 있다.
사. 장애인 등의 이용이 가능한 공원시설	(1) 「자연공원법」 제2조제10호에 따른 공원시설과 「도시공원 및 녹지 등에 관한 법률」 제2조제4호에 따른 공원시설에 대하여는 공원시설의 종류에 따라 제3호 및 제6호에 따른 공공건물 및 공중이용시설과 통신시설의 설치기준을 각각 적용한다. (2) 공원의 효용증진을 위하여 설치하는 주차장에는 장애인전용 주차구역을 주차장법령이 정하는 설치기준에 따라 구분·설치하여야 한다.

3. 공공건물 및 공중이용시설
   가. 일반사항

편의시설의 종류	설치기준
(1) 장애인등의 통행이 가능한 접근로	(가) 대상시설 외부에서 건축물의 주출입구에 이르는 접근로는 장애인등이 안전하고 편리하게 통행할 수 있도록 유효폭·기울기와 바닥의 재질 및 마감등을 고려하여 설치하여야 한다. (나) 접근로를 (가)의 주출입구에 연결하여 시공하는 것이 구조적으로 곤란하거나 주출입구보다 부출입구가 장애인등의 이용에 편리하고 안전한 경우에는 주출입구 대신 부출입구에 연결하여 접근로를 설치할 수 있다.

(2) 장애인전용 주차 구역	(가) 부설주차장에는 장애인전용 주차구역을 주차장법령이 정하는 설치비율에 따라 장애인의 이용이 편리한 위치에 구분·설치하여야 한다. 다만, 부설주차장의 주차 대수가 10대 미만인 경우를 제외하며, 산정된 장애인 전용주차구역의 주차대수중 소수점이하의 끝수는 이를 1대로 본다. (나) 자동차관련시설중 특별시장·광역시장·시장·군수 또는 구청장이 설치하는 노외주차장에는 장애인전용 주차구역을 주차장법령이 정하는 설치기준에 따라 장애인의 이용이 편리한 위치에 구분·설치하여야 한다.
(3) 높이차이가 제거된 건축물 출입구	(가) 건축물의 주출입구와 통로에 높이차이가 있는 경우에는 턱낮추기를 하거나 휠체어리프트 또는 경사로를 설치하여야 한다. (나) (가)의 주출입구의 높이차이를 없애는 것이 구조적으로 곤란하거나 주출입구보다 부출입구가 장애인등의 이용에 편리하고 안전한 경우에는 주출입구 대신 부출입구의 높이차이를 없앨 수 있다.
(4) 장애인의 출입이 가능한 출입구 등	건축물의 주출입구와 건축물 안의 공중의 이용을 주목적으로 하는 사무실 등의 출입구(문) 중 적어도 하나는 장애인등의 출입이 가능하도록 유효폭 · 형태 및 부착물 등을 고려하여 설치하여야 한다. 이 경우 제7조의2제6호에 따른 국가 또는 지방자치단체의 청사(공중이 직접 이용하는 시설만 해당한다) 중「건축법 시행령」별표 1 제3호에 따른 제1종 근린생활시설에 해당하지 않는 시설의 경우에는 장애인등의 출입이 가능하도록 설치하는 출입구를 자동문 형태로 하여야 한다.

(5) 장애인등의 통행이 가능한 복도	복도는 장애인등의 통행이 가능하도록 유효폭, 바닥의 재질 및 마감과 부착물 등을 고려하여 설치하여야 한다.
(6) 장애인등의 통행이 가능한 계단, 장애인용 승강기, 장애인용 에스컬레이터, 휠체어리프트 또는 경사로	(가) 장애인등이 건축물의 1개 층에서 다른 층으로 편리하게 이동할 수 있도록 그 이용에 편리한 구조로 계단을 설치하거나 장애인용 승강기, 장애인용 에스컬레이터, 휠체어리프트(신축하는 경우에는 수직형 휠체어리프트를 설치하여야 한다) 또는 경사로를 1대 또는 1곳 이상 설치하여야 한다. 다만, 장애인등이 이용하는 시설이 1층에만 있는 경우에는 그러하지 않다. (나) (가)의 건축물 중 6층 이상의 연면적이 2천제곱미터 이상인 건축물(층수가 6층인 건축물로서 각 층 거실의 바닥면적 300제곱미터 이내마다 1개소 이상의 직통계단을 설치한 경우를 제외한다)의 경우에는 장애인용 승강기, 장애인용 에스컬레이터, 휠체어리프트(신축하는 경우에는 수직형 휠체어리프트를 설치하여야 한다) 또는 경사로를 1대 또는 1곳 이상 설치하여야 한다.
(7) 장애인 등의 이용이 가능한 화장실	장애인 등이 편리하게 이용할 수 있도록 구조, 바닥의 재질 및 마감과 부착물 등을 고려하여 설치하되, 장애인용 대변기는 남자용 및 여자용 각 1개 이상을 설치하여야 하며, 영유아용 거치대 등 임산부 및 영유아가 안전하고 편리하게 이용할 수 있는 시설을 구비하여 설치하여야 한다.
(8) 장애인등의 이용이 가능한 욕실	욕실은 1개실 이상을 장애인등이 편리하게 이용할 수 있도록 구조, 바닥의 재질 및 마감과 부착물등을 고려하여 설치하여야 한다.

(9) 장애인등의 이용이 가능한 샤워실 및 탈의실	샤워실 및 탈의실은 1개이상을 장애인등이 편리하게 이용할 수 있도록 구조, 바닥의 재질 및 마감과 부착물 등을 고려하여 설치하여야 한다.
(10) 점자블록	건축물의 주출입구와 도로 또는 교통시설을 연결하는 보도에는 점자블록을 설치하여야 한다.
(11) 시각 및 청각장애인 유도·안내설비	(가) 시각장애인의 시설이용 편의를 위하여 건축물의 주출입구 부근에 점자안내판, 촉지도식 안내판, 음성안내장치 또는 그 밖의 유도신호장치를 점자블록과 연계하여 1개 이상 설치하여야 한다. (나) 삭제〈2007.2.12〉 (다) 공원·근린공공시설·장애인복지시설·교육연구시설·공공업무시설, 시각장애인 밀집거주지역등 시각장애인의 이용이 많거나 타당성이 있는 설치요구가 있는 곳에는 교통신호기가 설치되어 있는 횡단보도에 시각장애인을 위한 음향신호기를 설치하여야 한다. (라) 청각장애인의 시설이용 편의를 위하여 청각장애인 등의 이용이 많은 곳에는 전자문자안내판 또는 기타 전자문자안내설비를 설치하여야 한다.
(12) 시각 및 청각장애인 경보·피난설비	(가) 시각 및 청각장애인등이 위급한 상황에 대피할 수 있도록 청각장애인용 피난구유도등·통로유도등 및 시각장애인용 경보설비 등을 설치하여야 한다. (나) 장애인등이 추락할 우려가 있는 경우에는 난간 등 추락방지설비를 갖추어야 한다.
(13) 장애인등의 이용이 가능한 객실 또는 침실	기숙사 및 숙박시설등의 전체 침실수 또는 객실의 1퍼센트 이상(관광숙박시설은 3퍼센트 이상)은 장애인등이 편리하게 이용할 수 있도록 구조, 바닥의 재질 및 마감과 부착물 등을 고려하여 설치하되, 산정된 객실 또는 침실수 중 소수점 이하의 끝수는 이를 1실로 본다.

(14) 장애인등의 이용이 가능한 관람석, 열람석 또는 높이 차이가 있는 무대	(가) 공연장, 집회장, 관람장 및 도서관 등의 전체 관람석 또는 열람석 수의 1퍼센트 이상(전체 관람석 또는 열람석 수가 2천석 이상인 경우에는 20석 이상)은 장애인등이 편리하게 이용할 수 있도록 구조와 위치 등을 고려하여 설치하되, 산정된 관람석 또는 열람석 수 중 소수점 이하의 끝수는 이를 1석으로 본다. (나) 공연장, 집회장 및 강당 등에 설치된 무대에 높이 차이가 있는 경우에는 장애인등이 안전하게 이용할 수 있도록 경사로 및 휠체어리프트 등을 설치하여야 한다. 다만, 설치가 구조적으로 어려운 경우에는 이동식으로 설치할 수 있다.
(15) 장애인등의 이용이 가능한 접수대 또는 작업대	지역자치센터 및 장애인복지시설 등의 접수대 또는 작업대는 장애인등이 편리하게 이용할 수 있도록 형태·규격 등을 고려하여 설치하여야 한다. 다만, 동일한 장소에 각각 2대이상을 설치하는 경우에는 그 중 1대만을 장애인등의 이용을 고려하여 설치할 수 있다.
(16) 장애인등의 이용이 가능한 매표소·판매기 또는 음료대	매표소(장애인등의 이용이 가능한 자동발매기를 설치한 경우와 시설관리자등으로부터 별도의 상시서비스가 제공되는 경우를 제외한다)·판매기 및 음료대는 장애인등이 편리하게 이용할 수 있도록 형태·규격 및 부착물등을 고려하여 설치하여야 한다. 다만, 동일한 장소에 2곳 또는 2대이상을 각각 설치하는 경우에는 그 중 1곳 또는 1대만을 장애인등의 이용을 고려하여 설치할 수 있다.
(17) 임산부 등을 위한 휴게시설 등	임산부와 영유아가 편리하고 안전하게 휴식을 취할 수 있도록 구조와 재질 등을 고려하여 휴게시설을 설치하고, 휴게시설 내에는 모유수유를 위한 별도의 장소를 마련하여야 한다. 다만, 「문화재보호법」 제2조에 따른 지정문화재(보호구역을 포함한다)에 설치하는 시설물은 제외한다.

3-2-2. 공중화장실 등 설치 시 임산부 편의시설의 설치

① 「공중화장실 등에 관한 법률」 제3조의 장소 또는 시설에 공중화장실·개방화장실·이동화장실·간이화장실 및 유료화장실을 설치할 경우에는 임산부가 이용에 불편을 느끼지 않도록 「장애인·노인·임산부 등의 편의증진 보장에 관한 법률」 제8조에서 정하는 기준에 따라 임산부가 사용할 수 있는 변기를 설치하도록 하고 있습니다(「공중화장실 등에 관한 법률」 제7조제3항).

② 임산부가 사용할 수 있는 변기의 설치기준은 「공중화장실 등에 관한 법률 시행령」 별표에서 확인할 수 있습니다.

■ 공중화장실 등에 관한 법률 시행령 [별표]

공중화장실등의 설치기준(제6조제3항 및 제6조의2 관련)

1. 삭제다. 〈2018. 9. 4.〉

1의2. 삭제 〈2018. 9. 4.〉

2. 삭제 〈2018. 9. 4.〉

3. 소변기 위쪽에는 이용편의를 위한 선반을 설치할 수 있다.

3의2. 남성화장실에는 소변기의 가림막을 설치해야 한다.

4. 대·소변기는 수세식으로 설치하여야 한다. 다만, 「수도법」 제3조제30호에 따른 절수설비의 설치, 상·하수도시설의 미비 또는 수질오염 등의 이유로 인하여 수세식화장실을 설치하기 어려운 경우에는 그러하지 아니하다.

5. 대변기 칸막이안에는 세정장치, 휴지걸이, 옷걸이 등을 설치해야 하고, 눈에 잘 띄는 곳에 소지품을 올려놓을 수 있는 선반 등을 설치할 수 있다.

5의2. 대변기 칸 출입문은 안여닫이로 하고, 출입문의 아랫부분은 환기 등을 위하여 바닥에서 10센티미터 이상 20센티미터 이하의 빈 공간을 두어야 한다. 다만, 화장실 구조 등을 고려하여 불가피한 경우에는 출입문을 안여닫이로 하지 않을 수 있다.

5의3. 대변기 칸막이(대변기 칸 출입문은 제외한다)의 아랫부분과 바닥 간의 거리는 5밀리미터 이하로 해야 한다. 다만, 장애인·노인·임산부 등 이용자의 특성상 불가피하다고 인정되는 경우에는 행정안전부장관이 정하여 고시하는 바에 따라 그 기준을 달리 정할 수 있다.

5의4. 대변기 칸막이의 윗부분과 천장 간의 거리는 30센티미터 이상으로 해야 한다. 다만, 대변기 칸막이 안에 개별 환기시설이 있는 경우에는 30센티미터 미만으로 할 수 있다.

6. 대변기 칸 출입문에는 화장실 사용여부와 변기의 종류를 알 수 있도록 인식장치를 설치하여야 한다.

7. 출입구는 남자용과 여자용이 구분되도록 따로 설치해야 하며, 복도나 도로 등을 통행하는 사람 등에게 화장실 내부가 직접 보이지 않도록 설치해야 한다.

8. 동파방지를 위한 난방시설, 환풍시설 및 세면기 등의 화장실 편의시설을 설치하여야 한다. 다만, 전기시설이 미비되어 있는 경우에는 그러하지 아니하다.

8의2. 세면대에는 선반 및 옷걸이 등 편의장치를 설치하거나 물비누, 일회용 휴지 및 휴지통 등 편의용품을 갖춰 둘 수 있다.

9. 공중이 이용하기 편리한 장소에 설치하고, 공중화장실등임을 쉽게 알아볼 수 있도록 안내표지판을 설치하여야 한다.

10. 급수시설을 설치할 경우 상수도를 사용하는 경우를 제외하고는 그 수질이 「먹는물관리법」 제5조에 따른 수질기준에 적합하여야 한다.

11. 동양식 변기와 서양식 변기는 이용자의 편의를 고려하여 설치장소의 여건에 따라 적절하게 조정하여 설치할 수 있다.

12. 대변기 칸막이안에는 영유아를 동반한 사람의 이용편의를 위하여 영유아용 변기, 거치대, 보조의자 등을 갖춘 영유아 보조화장실을 설치할 수 있다.

13. 삭제 〈2018. 9. 4.〉

14. 남자화장실과 여자화장실에 어린이용 대·소변기(남자화장실의 일반인용 소변기가 바닥부착형의 일반인·어린이 겸용인 경우는 제외한다)와 세면대를 각각 1개 이상 설치하여야 한다. 다만, 행정안전부령으로 정하는 공중화장실등의 경우에는 그러하지 아니하다.

15. 어린이용 대변기를 서양식 변기로 설치하는 경우에는 어린이전용 변기를 설치하되, 일반인용 변기를 이용하여 어린이겸용으로 사용하고자 할 때에는 변기 좌석 덮개 안쪽에 어린이가 사용하기에 편리하도록 별도의 어린이전용 변기 좌석을 설치하여야 한다.

16. 어린이용 소변기를 벽걸이형으로 설치하는 경우에는 소변기의 벽체 배수구를 어린이가 사용하기에 불편하지 않도록 낮은 높이로 설치하여야 한다.

17. 어린이용 세면대는 어린이가 사용하기에 불편하지 않도록 낮은 높이로 설치하거나 높낮이가 조절되는 것으로 설치하여야 한다.

18. 다음 각 목에 해당되는 장소 또는 시설에 설치하는 공중화장실에는 화장실 이용객의 통행 및 왕래에 불편이 없는 규모로 남성화장실과 여성화장실별로 각각 1개 이상의 영유아용 기저귀교환대를 설치하여야 한다. 다만, 같은 건물 안에 남성이 이용할 수 있도록 영유아용 기저귀교환대가 화장실 이외의 장소에 설치되어 있는 경우에는 남성화장실에 영유아용 기저귀교환대 설치 의무를 면제하고, 여성이 이용할 수 있도록 영유아용 기저귀교환대가 화장실 이외의 장소에 설치되어 있는 경우에는 여성화장실에 영유아용 기저귀교환대 설치 의무를 면제한다.

　가. 「도로법」 제2조제2호가목에 따른 휴게시설

　나. 「철도산업발전 기본법」 제3조제1호에 따른 철도의 역

　다. 「도시철도법」 제2조제2호에 따른 도시철도의 역

　라. 「공항시설법」 제2조제7호에 따른 공항시설

　마. 「건축법 시행령」 별표 1 제5호에 따른 문화 및 집회시설, 같은 표 제9호에 따른 의료시설 중 종합병원, 같은 표 제10호바목에 따른 도서관, 같은 표 제14호가목에 따른 공공업무시설 및 같은 표 제27호에 따른 관광 휴게시설

※ 비고

1. 위 표에서 정하고 있는 사항 외에 필요한 공중화장실등의 설치기준은 시·군·구의 조례로 정할 수 있다.

2. 위 표에서 "동양식 변기"라 함은 쪼그려 앉아서 용변을 보는 변기를 말하고, "서양식 변기"라 함은 걸터 앉아서 용변을 보는 변기를 말한다.

3. 법 제2조제2호에 따른 개방화장실에 대해서는 제3호의2 및 제8호를, 법 제2조제3호에 따른 이동화장실에 대해서는 제3호의2·제5호 및 제8호를, 법 제2조제4호에 따른 간이화장실에 대해서는 제3호의2 및 제5호를 각각 적용하지 않는다.

3-2-3. 도시·군계획시설 설치 시 임산부 편의시설의 우선 설치

① 도시·군관리계획에 따라 지상·수상·공중·수중 또는 지하에 기반시설을 설치할 경우에는 임산부가 이용에 불편을 느끼지 않도록 「장애인·노인·임산부 등의 편의증진 보장에 관한 법률」이 정하는 바에 따라 임산부 등을 위한 각종 편의시설을 우선적으로 설치하도록 하고 있습니다(「국토의 계획 및 이용에 관한 법률」 제43조 및 「도시·군계획시설의 결정·구조 및 설치기준에 관한 규칙」 제7조).

② 기반시설이란 다음의 시설을 말합니다(「국토의 계획 및 이용에 관한 법률」 제2조 제6호 및 「국토의 계획 및 이용에 관한 법률 시행령」 제2조 제1항).

  1. 교통시설: 도로·철도·항만·공항·주차장·자동차정류장·궤도·차량검사 및 면허시설

  2. 공간시설: 광장·공원·녹지·유원지·공공공지

  3. 유통·공급시설: 유통업무설비, 수도·전기·가스·열공급설비, 방송·통신시설, 공동구·시장, 유류저장 및 송유설비

  4. 공공·문화체육시설: 학교·공공청사·문화시설 및 공공필요성이 인정되는 체육시설·연구시설·사회복지시설·공공직업훈련시설·청소년수련시설

  5. 방재시설: 하천·유수지·저수지·방화설비·방풍설비·방수설비·사방설비·방조설비

  6. 보건위생시설: 장사시설·자연장지·장례식장·도축장·종합의료시설

  7. 환경기초시설: 하수도, 폐기물처리 및 재활용시설, 빗물저장 및 이용시설·수질오염방지시설·폐차장

3-3. 교통시설 이용 시 임산부 편의지원

① 좌석안전띠 미착용의 허용

운전자는 자동차(이륜자동차는 제외)를 운전할 때 좌석안전띠를 매어야 하며, 모든 승차자에게 좌석안전띠(영유아인 경우에는 유아보호용 장구를 장착한 후의 좌석안전띠를 말함)를 매도록 해야 하는 것이 원칙입니다. 그러나 운전자나 승차자가 임신으로 인해 좌석안전띠를 착용하는 것이 적당하지 않다고 인정되는 경우에는 예외적으로 좌석안전띠를 매지 않는 것이 허용됩니다(「도로교통법」 제50조 제1항 및 도로교통법 시행규칙」 제31조 제1호).

② 공항 보안검색의 특례

항공기에 탑승하려면 승객에 대해서는 문형금속탐지기 또는 원형검색장비를, 휴대물품에 대해서는 엑스선 검색장비를 이용한 보안검색을 받는 것이 원칙입니다(「항공보안법」 제15조제1항 및 「항공보안법 시행령」 제10조 제1항). 그러나 임산부는 위의 보안검색장소 외의 별도의 장소에서 보안검색을 받는 것이 허용됩니다(「항공보안법」 제15조 제1항·제6항 및 「항공보안법 시행령」 제10조 제1항·제13조 제1항).

■ **임신초기여서 2시간 단축을 신청할 수 있나요? 또, 단축근무기간 동안은 임금이 삭감되나요?**

Q. 현재 다니고 있는 회사에서 하루에 7시간씩 근무하고 있습니다. 임신초기라 자꾸 피곤하여 근무시간 단축을 신청하려고 하는데요, 2시간 단축을 신청할 수 있나요? 또, 단축근무기간 동안은 임금이 삭감되나요?

A. 먼저, 1일 근로시간이 8시간 미만인 근로자가 임신기 근로시간 단축을 신청하는 경우에는 근로시간이 6시간이 되도록 단축할 수 있습니다. 그리고 사용자는 여성근로자가 임신기간 중 근로시간 단축을 하였다는 이유로 임금을 삭감해서는 안 됩니다.

◇ 임신기간 중 근로시간 단축

① 사용자는 임신 후 12주 이내(임신 후 84일까지) 또는 36주 이후(임신 후 246일 이후)에 있는 여성근로자가 1일 2시간의 근로시간 단축을 신청하는 경우 신청할 경우 이를 허용해야 합니다.

※ 임신 후 12주 이내는 12주 0일까지를 말하며, 임신 후 36주 이후는 35주 1일을 말함(진단서상)

② 다만, 1일 근로시간이 8시간 미만인 근로자가 신청을 하는 경우에는 근로시간이 6시간이 되도록 근로시간 단축을 허용할 수 있습니다.

③ 또한 사용자는 근로시간 단축을 이유로 해당 근로자의 임금을 삭감해서는 안 됩니다.

◇ 위반시 제재

여성근로자가 근로시간 단축을 신청하였음에도 이를 허용하지 않은 사업주에게는 500만원 이하의 과태료가 부과됩니다.

제3장

여성근로자의 출산

PART Ⅰ. 출산전후 휴가

1. 출산전후휴가제도기간 및 분할사용

1-1. 출산전후휴가 기간

사용자는 임신 중의 여성에게 출산 전과 출산 후를 통하여 90일(한 번에 둘 이상 자녀를 임신한 경우에는 120일)의 출산전후휴가를 주어야 합니다. 이 경우 휴가 기간의 배정은 출산 후에 45일(한 번에 둘 이상 자녀를 임신한 경우에는 60일) 이상이 되어야 합니다(「근로기준법」 제74조 제1항).

1-2. 출산전후휴가 분할사용

사용자는 임신 중인 여성 근로자가 다음과 같은 사유가 있는 경우에는 출산 전 어느 때 라도 휴가를 나누어 사용할 수 있도록 해 주어야 합니다. 이 경우 출산 후의 휴가 기간은 연속하여 45일(한 번에 둘 이상 자녀를 임신한 경우에는 60일) 이상이 되어야 합니다(「근로기준법」 제74조 제2항 및 「근로기준법 시행령」 제43조 제1항).

- 임신한 근로자에게 유산·사산의 경험이 있는 경우
- 임신한 근로자가 출산전후휴가를 청구할 당시 연령이 만 40세 이상인 경우
- 임신한 근로자가 유산사산의 위험이 있다는 의료기관의 진단서를 제출한 경우

■ **출산이 생각보다 늦어져서 출산 후 45일의 휴가를 확보하지 못한 경우 어떻게 해야 하나요?**

Q. 출산이 생각보다 늦어져서 출산 후 45일의 휴가를 확보하지 못한 경우 어떻게 해야 하나요?

A. 이 경우 사업주는 출산 후 45일이 보장되도록 휴가를 더 부여해야 합니다. 다만, 추가로 부여된 출산전후휴가기간에 대해 사업주가 임금을 지급하여야 할 의무는 없습니다(「근로기준법」 제74조 제1항).

위반 시 제재 : 이를 위반한 사용자는 2년 이하의 징역 또는 2천만원 이

하의 벌금에 처해집니다(「근로기준법」 제110조제1호).

※ 배우자의 출산휴가는 이 사이트 『일과 가정생활』 콘텐츠에서 확인할 수 있습니다.

■ 유산 경험이 있어 출산 전에 미리 휴가를 앞당겨 쓰고 싶은데요, 출산이 가까워졌을 때 밖에 사용하지 못하는 건가요?

Q. 임신 3개월째입니다. 이전에 유산 경험이 있어 출산 전에 미리 휴가를 앞당겨 쓰고 싶은데요, 출산이 가까워졌을 때 밖에 사용하지 못하는 건가요?

A. 아닙니다. 사용자는 임신한 여성근로자가 유산·사산의 경험이 있는 경우라면 출산 전 어느 때라도 휴가를 나누어 사용할 수 있도록 해 주어야 합니다. 이 경우 출산 후의 휴가 기간은 연속해서 45일(한 번에 둘 이상의 자녀를 임신한 경우에는 60일) 이상이 되어야 합니다.

◇ 출산전후휴가 분할사용

사용자는 임신 중인 여성 근로자가 다음과 같은 사유가 있는 경우에는 출산 전 어느 때 라도 휴가를 나누어 사용할 수 있도록 해 주어야 합니다. 이 경우 출산 후의 휴가 기간은 연속하여 45일(한 번에 둘 이상 자녀를 임신한 경우에는 60일) 이상이 되어야 합니다.
- 임신한 근로자에게 유산·사산의 경험이 있는 경우
- 임신한 근로자가 출산전후휴가를 청구할 당시 연령이 만 40세 이상인 경우
- 임신한 근로자가 유산·사산의 위험이 있다는 의료기관의 진단서를 제출한 경우

◇ 위반시 제재

이를 위반한 사용자는 2년 이하의 징역 또는 2천만원 이하의 벌금에 처해집니다.

2. 출산전후휴가 기간 중의 급여

2-1. 출산전후휴가 급여

① 출산 휴가 중 최초 60일(한 번에 둘 이상 자녀를 임신한 경우에는 75일)은 유급휴가입니다(「근로기준법」 제74조 제4항 본문).

② 다만, 사업주는 출산전후휴가를 사용한 근로자 중 일정한 요건에 해당하는 사람에게 그 휴가기간에 대하여 통상임금에 상당하는 금액이 지급된 경우에는 그 금액의 한도에서 지급책임을 면하게 됩니다(「남녀고용평등과 일·가정 양립 지원에 관한 법률」 제18조 및 「근로기준법」 제74조 제4항 단서).

③ 이를 위반하여 출산전후휴가 급여를 지급하지 않은 사업주는 2년 이하의 징역 또는 2천만원 이하의 벌금에 처해집니다(「근로기준법」 제110조 제1호).

2-2. 출산전후휴가 급여를 받기 위한 요건

① 「근로기준법」 제74조에 따른 출산전후 휴가를 사용한 근로자 일 것(「고용보험법」 제75조, 「고용보험법 시행령」 제100조 및 제94조).
- 휴가가 끝난 날 이전까지의 피보험 단위기간이 통산하여 180일 이상일 것(「고용보험법」 제75조 제1호)
- 휴가를 시작한 날 이후 1개월부터 휴가가 끝난 날 이후 12개월 이내에 신청할 것(「고용보험법」 제75조 제2호)

② 다만, 다음과 같은 사유가 발생하여 급여를 신청할 수 없었던 경우에는 그 사유가 종료된 후료부터 30일 이내에 신청을 하여야 합니다(「고용보험법」 제75조 제2호 단서, 「고용보험법 시행령」 제100조 및 제94조).
- 천재지변
- 본인이나 배우자의 질병·부상

- 본인이나 배우자의 직계존속 및 직계비속의 질병·부상
- 「병역법」에 따른 의무복무
- 범죄혐의로 인한 구속이나 형의 집행

2-3. 출산전후휴가 급여 신청

① 출산전후휴가 급여를 지급받으려는 자는 아래의 서류를 모두 첨부하여 신청인의 거주지나 사업장의 소재지 관할 직업안정기관의 장에게 제출하여야 합니다(「고용보험법」 제75조 및 「고용보험법 시행규칙」 제121조 제1항 본문).
   - 출산전후휴가 급여 신청서(「고용보험법 시행규칙」 별지 제105호서식)
   - 출산전후휴가 확인서 1부(최초 1회만 해당)
   - 통상임금을 확인할 수 있는 자료(임금대장, 근로계약서 등) 사본 1부
   - 휴가기간 동안 사업주로부터 금품을 지급받은 경우 이를 확인할 수 있는 자료

② 출산전후휴가 급여등의 지급 신청은 30일 단위로 하여야 하지만, 사용기간이 30일 미만인 경우에 그 기간에 대하여 신청할 수 있으며, 휴가가 끝난 후 신청하는 경우에는 한꺼번에 신청할 수 있습니다(「고용보험법 시행규칙」 제121조 제3항).

③ 거짓이나 그 밖의 부정한 방법으로 출산전후휴가 급여를 받은 자는 3년 이하의 징역 또는 3천만원 이하의 벌금에 처해집니다(「고용보험법」 제116조 제2항).

3. 출산전후휴가 급여의 지급 금액 및 지급 제한

3-1. 출산전후휴가 급여의 지급 방법

① 직업안정기관의 장은 출산전후휴가 급여에 대한 지급 신청을 받으면 출산전후휴가 급여를 받을 수 있는 요건을 갖추었는지의 여부와 지급 제한 등의 사유가 있는지 여부를 검토한 뒤 출산전후휴가 급여 지급 부지급 결정 통지서에 따라 신청인에게 그 지급 여부를 알려야 합니다(「고용보험법 시행규칙」 제122조 제1항 및 별지 제106호서식).

② 출산전후휴가 급여는 신청인이 지정한 금융기관의 계좌에 입금하는 방법으로 지급합니다(「고용보험법 시행규칙」 제122조 제2항).

③ 직업안정기관의 장은 보험에 관계있는 자의 청구가 있는 경우에는 급여 원부를 열람하게 하고, 필요하다고 인정하는 경우 출산전후휴가 급여에 관한 증명서를 내주어야 합니다(「고용보험법 시행규칙」 제122조 제4항).

3-2. 출산전후휴가 급여 지급 금액의 산정

① 출산전후휴가 급여는 출산전후휴가(「근로기준법」 제74조) 기간에 대해 「근로기준법」의 통상임금에 해당하는 금액을 지급합니다(「고용보험법」 제76조 제1항).

② 통상임금이란?
통상임금은 근로자에게 정기적이고 일률적으로 소정(所定)근로 또는 총근로에 대해 지급하기로 정한 시간급 금액, 일급 금액, 주급 금액, 월급 금액 또는 도급 금액을 말합니다(「근로기준법 시행령」 제6조 제1항).

3-3. 출산전후휴가 급여의 상·하한액

① 여성근로자(피보험자)에게 지급하는 출산전후휴가 급여의 상한액과 하한

액은 다음과 같습니다(「고용보험법」 제76조 제2항 및 「고용보험법 시행령」 제101조).

② 상한액[「출산전후휴가 급여 등의 상한액 고시」(고용노동부 고시 제2022-141호, 2023. 1. 1. 발령·시행)]
- 출산전후휴가기간 90일에 대한 통상임금에 상당하는 금액이 630만원을 초과하는 경우: 630만원
- 출산전후휴가 급여의 지급기간이 90일 미만인 경우: 일수로 계산한 금액
- 한 번에 둘 이상의 자녀를 임신한 경우의 출산전후휴가기간 120일에 대한 통상임금에 상당하는 금액이 840만원을 초과하는 경우: 840만원
- 한 번에 둘 이상의 자녀를 임신한 경우의 출산전후휴가 급여 등의 지급기간이 120일 미만인 경우: 일수로 계산한 금액 하한액
- 출산전후휴가 기간의 시작일 당시 적용되던 「최저임금법」에 따른 시간 단위에 해당하는 최저임금액(이하 '시간급 최저임금액'이라 함)보다 그 근로자의 시간급 통상임금이 낮은 경우에는 시간급 최저임금액을 시간급 통상임금으로 하여 산정된 출산전후휴가 급여의 지원기간 중 통상임금에 상당하는 금액

③ 출산전후 급여지원
출산전후휴가 중 최초 60일(한 번에 둘 이상 자녀를 임신한 경우에는 75일)은 유급휴가입니다. 다만, 출산전후휴가를 사용한 근로자 중 일정한 요건에 해당하여 출산전후휴가급여 등이 지급된 경우에는 그 금액이 제외되고 지급됩니다(「근로기준법」 제74조 제4항, 「남녀고용평등과 일·가정 양립 지원에 관한 법률」 제18조, 「고용보험법」 제75조 및 제76조).

구 분	최초 60일 (한 번에 둘 이상 자녀를 임신한 경우에는 75일)	마지막 30일 (한 번에 둘 이상 자녀를 임신한 경우에는 45일)
우선지원 대상기업	사업주가 지급 (이 중 정부가 최대 월 210만원의 지원금을 지급)	정부가 통상임금 지급 (최대 210만원 까지)
대규모기업	사업주가 통상임금을 지급	정부가 통상임금 지급 (최대 210만원 까지)

3-4. 출산전후휴가 급여의 감액

① 고용노동부장관은 여성근로자(피보험자)가 출산전후휴가 중 사업주로부터 통상임금에 해당하는 금품을 지급받은 경우로서 사업주로부터 받은 금품과 출산전후휴가 급여를 합한 금액이 출산전후휴가 시작일을 기준으로 한 통상임금을 초과한 경우 그 초과하는 금액을 출산전후휴가 급여에서 빼고 지급합니다.

② 다만, 출산전후휴가기간 중에 통상임금이 인상된 피보험자에게 사업주가 인상된 통상임금과 출산전후휴가 급여의 차액을 지급했을 때에는 그렇지 않습니다(「고용보험법」 제77조, 제73조 제2항 및 「고용보험법 시행령」 제104조).

※ 『고용보험 홈페이지』의 "출산전후휴가 급여모의계산"을 통해 여성근로자가 받게 될 출산전후휴가 급여를 계산해 볼 수 있습니다.

4. 출산전후휴가 급여의 지급제한

4-1. 다른 사업장에 새로 취업한 경우

① 여성근로자(피보험자)가 출산전후휴가 급여 기간 중에 그 사업에서 이직하거나 새로 취업한 경우에는 그 이직 또는 취업하였을 때부터 출산전후휴가 급여를 지급하지 않습니다(「고용보험법」 제77조 및 제73조 제1항).

② 피보험자(여성근로자)는 이직 또는 취업을 한 날 이후 최초로 제출하는 출산전휴가 급여등 신청서에 이직 또는 취업을 한 사실을 적어야 합니다(「고용보험법 시행령」 제102조 및 제96조).

4-2. 거짓이나 부정한 방법을 통한 수급

① 거짓이나 그 밖의 부정한 방법으로 출산전후휴가 급여를 받았거나 받으려고 한 여성근로자에게는 그 급여를 받은 날 또는 받으려 한 날부터의 출산전후휴가 급여를 지급하지 않습니다(「고용보험법」 제77조 및 제73조 제4항 본문).

② 다만, 그 급여와 관련된 출산전후휴가 이후에 새로 출산전후휴가 급여 요건을 갖춘 경우 그 새로운 요건에 따른 출산전후휴가 급여는 지급됩니다(「고용보험법」 제77조 및 제73조 제4항 단서).

4-3. 고용보험 미적용자 출산급여제도

① 대상: 소득 활동을 하고 있으나 고용보험의 출산전후휴가 급여를 받지 못했던 여성

② 사업자등록증을 갖고 있으며(부동산 임대업 제외) 출산일 기준으로 피고용인 또는 공동 사업자 없이 단독 사업인 1인 사업자

③ 출산하기 전의 18개월 중 3개월 이상 소득 활동을 했던 특수 형태 근로자 및 자유 계약자(프리랜서)

④ 고용보험의 적용을 받지 못하는 근로자

PART Ⅱ. 유산·사산휴가

1. 유산·사산휴가 사용

1-1. 유산·사산휴가 제도란?

① 사용자는 임신 중인 여성이 유산 또는 사산한 경우 그 근로자가 청구하면 유산·사산 휴가를 주어야 합니다(「근로기준법」 제74조 제3항 본문).

② 다만, 인공 임신중절 수술(「모자보건법」 제14조 제1항에 따른 경우는 제외)에 따른 유산의 경우는 유산·사산 휴가를 부여하지 않아도 됩니다(「근로기준법」 제74조 제3항 단서).

1-2. 유산·사산휴가가 부여되는 인공 임신중절 수술(「모자보건법」 제14조 제1항)

① 본인이나 배우자가 연골무형성증, 낭성섬유증 및 그 밖의 유전성 질환으로서 우생학적(優生學的) 또는 유전학적 정신장애나 신체질환이 있는 경우

② 본인이나 배우자가 풍진, 톡소플라즈마증 및 그 밖에 의학적으로 태아에 미치는 위험성이 높은 전염성 질환이 있는 경우

③ 강간 또는 준강간(準強姦)에 의하여 임신된 경우

④ 법률상 혼인할 수 없는 혈족 또는 인척 간에 임신된 경우

⑤ 임신의 지속이 보건의학적 이유로 모체의 건강을 심각하게 해치고 있거나 해칠 우려가 있는 경우

⑥ 이를 위반한 사용자는 2년 이하의 징역 또는 2천만원 이하의 벌금에 처해집니다(「근로기준법」 제110조 제1호).

2. 유산·사산휴가제도의 사용

2-1. 유산·사산휴가의 청구

　유산 또는 사산한 여성근로자가 유산·사산 휴가를 청구하기 위해서는 휴가 청구 사유, 유산·사산 발생일 및 임신기간 등을 적은 유산·사산 신청서에 의료기관의 진단서를 첨부하여 사업주에게 제출하여야 합니다(「근로기준법」 제74조 제3항 본문 및 「근로기준법 시행령」 제43조 제2항).

2-2. 유산·사산휴가 기간

　사업주는 유산·사산휴가를 청구한 여성근로자에게 다음의 기준에 따라 유산·사산휴가를 주어야 합니다(「근로기준법」 제74조 제3항 본문 및 「근로기준법 시행령」 제43조 제3항).

임신기간	유산·사산휴가 기간
11주 이내	유산 또는 사산한 날부터 5일까지
12주 이상 15주 이내	유산 또는 사산한 날부터 10일까지
16주 이상 21주 이내	유산 또는 사산한 날부터 30일까지
22주 이상 27주 이내	유산 또는 사산한 날부터 60일까지
28주 이상	유산 또는 사산한 날부터 90일까지

3. 유산·사산휴가 기간의 급여

3-1. 유산·사산휴가 기간 중의 급여

① 유산·사산휴가 중 중 최초 60일(한 번에 둘 이상 자녀를 임신한 경우에는 75일)은 유급휴가입니다(「근로기준법」 제74조 제4항 본문).

② 다만, 사업주는 유산·사산 휴가를 사용한 근로자 중 일정한 요건에 해당하는 사람에게 그 휴가기간에 대하여 통상임금에 상당하는 금액이 지급된 경우에는 그 금액의 한도에서 지급책임을 면하게 됩니다(「남녀고용평등과 일·가정 양립 지원에 관한 법률」 제18조 및 「근로기준법」 제74조 제4항 단서).

③ 이를 위반하여 유산·사산휴가 급여를 지급하지 않은 사업주는 2년 이하의 징역 또는 2천만원 이하의 벌금에 처해집니다(「근로기준법」 제110조 제1호).

3-2. 유산·사산휴가 급여의 지급 요건

① 「근로기준법」 제74조에 따른 유산·사산 휴가를 사용한 근로자 일 것 (「고용보험법」 제75조, 「고용보험법 시행령」 제100조 및 제94조).
  - 휴가가 끝난 날 이전까지의 피보험 단위기간이 통산하여 180일 이상일 것(「고용보험법」 제75조 제1호)
  - 휴가를 시작한 날 이후 1개월부터 휴가가 끝난 날 이후 12개월 이내에 신청할 것(「고용보험법」 제75조 제2호)

② 다만 다음과 같은 사유가 발생하여 급여를 신청할 수 없었던 경우에는 그 사유가 종료된 후료부터 30일 이내에 신청을 하여야 합니다(「고용보험법」 제75조, 「고용보험법 시행령」 제100조 및 제94조).
  - 천재지변
  - 본인이나 배우자의 질병·부상

- 본인이나 배우자의 직계존속 및 직계비속의 질병·부상
- 「병역법」에 따른 의무복무
- 범죄혐의로 인한 구속이나 형의 집행

3-3. 유산·사산휴가 급여의 신청방법

① 유산·사산휴가 급여를 지급받으려는 자는 아래의 서류를 모두 첨부하여 신청인의 거주지나 사업장의 소재지 관할 직업안정기관의 장에게 제출하여야 합 니다(「고용보험법」 제75조 및 「고용보험법 시행규칙」 제121조 제1항 본문).
- 유산·사산휴가 급여 신청서(「고용보험법 시행규칙」 별지 제105호서식)
- 유산·사산휴가 확인서 1부(최초 1회만 해당)
- 통상임금을 확인할 수 있는 자료(임금대장, 근로계약서 등) 사본 1부
- 휴가기간 동안 사업주로부터 금품을 지급받은 경우 이를 확인할 수 있는 자료
- 유산이나 사산을 하였음을 증명할 수 있는 의료기관(「의료법」 제3조에 따른 의료기관을 말함)의 진단서(임신기간이 적혀 있어야 함) 1부

② 유산·사산휴가 급여의 지급 신청은 30일 단위로 하여야 하지만, 사용기간이 30일 미만인 경우에 그 기간에 대하여 신청할 수 있으며, 휴가가 끝난 후 신청하는 경우에는 한꺼번에 신청할 수 있습니다(「고용보험법 시행규칙」 제121조 제3항).

③ 거짓이나 그 밖의 부정한 방법으로 유산·사산휴가 급여를 받은 자는 3년 이하의 징역 또는 3천만원 이하의 벌금에 처해집니다(「고용보험법」 제116조 제2항).

4. 유산·사산휴가 급여의 지급 금액 및 지급 제한

4-1. 유산·사산휴가 급여 지급 금액의 산정

유산·사산휴가 급여는 유산·사산휴가(「근로기준법」 제74조) 기간에 대해 「근로기준법」의 통상임금에 해당하는 금액을 지급합니다(「고용보험법」 제76조 제1항 본문).

4-2. 유산·사산휴가 급여의 상·하한액

① 여성근로자(피보험자)에게 지급하는 유산·사산휴가 급여의 상한액과 하한액은 다음과 같습니다(「고용보험법」 제76조제2항 및 「고용보험법 시행령」 제101조).

② 상한액[「출산전후휴가 급여 등의 상한액 고시」(고용노동부 고시 제2022-141호, 2023. 1. 1. 발령·시행)]
 - 유산·사산휴가기간 90일에 대한 통상임금에 상당하는 금액이 630만원을 초과하는 경우: 630만원
 - 유산·사산휴가 급여등의 지급기간이 90일 미만인 경우: 일수로 계산한 금액

③ 하한액
유산·사산휴가 기간의 시작일 당시 적용되던 「최저임금법」에 따른 시간 단위에 해당하는 최저임금액(이하 '시간급 최저임금액'이라 함)보다 그 근로자의 시간급 통상임금이 낮은 경우에는 시간급 최저임금액을 시간급 통상임금으로 하여 산정된 유산·사산휴가 급여의 지원기간 중 통상임금에 상당하는 금액

4-3. 유산·사산휴가 급여의 감액

① 고용노동부장관은 여성근로자(피보험자)가 유산·사산휴가 중 사업주로
부터 통상임금에 해당하는 금품을 지급받은 경우로서 사업주로부터 받
은 금품과 유산·사산휴가 급여를 합한 금액이 유산·사산휴가 시작일
을 기준으로 한 통상임금을 초과한 경우 그 초과하는 금액을 유산·사
산휴가 급여에서 빼고 지급합니다.

② 다만, 유산·사산휴가기간 중에 통상임금이 인상된 피보험자에게 사업주
가 인상된 통상임금과 유산·사산휴가 급여의 차액을 지급했을 때에는
그렇지 않습니다(「고용보험법」 제77조, 제73조 제2항 및 「고용보험법
시행령」 제104조).

5. 유산·사산휴가 급여의 지급 방법

5-1. 유산·사산휴가 급여의 지급

① 직업안정기관의 장은 유산·사산휴가 급여에 대한 지급 신청을 받으면 유산·사산휴가 급여를 받을 수 있는 요건을 갖추었는지의 여부와 지급 제한 등의 사유가 있는지 여부를 검토한 뒤 유산·사산휴가 급여 지급 부지급 결정 통지서에 따라 신청인에게 그 지급 여부를 알려야 합니다(「고용보험법 시행규칙」 제122조 제1항 및 별지 제106호서식).

② 유산·사산휴가 급여는 신청인이 지정한 금융기관의 계좌에 입금하는 방법으로 지급합니다(「고용보험법 시행규칙」 제122조 제2항).

③ 직업안정기관의 장은 보험에 관계있는 자의 청구가 있는 경우에는 급여원부를 열람하게 하고, 필요하다고 인정하는 경우 유산·사산휴가 급여에 관한 증명서를 내주어야 합니다(「고용보험법 시행규칙」 제122조 제4항).

5-2. 유산·사산휴가 급여의 지급 제한

5-2-1. 다른 사업장에 새로 취업한 경우

① 여성근로자(피보험자)가 유산·사산휴가 급여 기간 중에 그 사업에서 이직하거나 새로 취업한 경우에는 그 이직 또는 취업하였을 때부터 유산·사산휴가 급여를 지급하지 않습니다(「고용보험법」 제77조 및 제73조 제1항).

② 피보험자(여성근로자)는 이직 또는 취업을 한 날 이후 최초로 제출하는 출산전후휴가 급여(유산·사산휴가)등 신청서에 이직 또는 취업을 한 사실을 적어야 합니다(「고용보험법 시행령」 제102조 및 제96조).

5-2-2. 거짓이나 부정한 방법을 통한 수급

① 거짓이나 그 밖의 부정한 방법으로 유산·사산휴가 급여를 받았거나 받으려고 한 여성근로자에게는 그 급여를 받은 날 또는 받으려 한 날부터의 유산·사산휴가 급여를 지급하지 않습니다(「고용보험법」 제77조 및 제73조 제4항 본문).

② 다만, 그 급여와 관련된 유산·사산휴가 이후에 새로 유산·사산휴가 급여 요건을 갖춘 경우 그 새로운 요건에 따른 유산·사산휴가 급여는 지급됩니다(「고용보험법」 제77조 및 제73조 제4항 단서).

PART Ⅲ. 불리한 처우금지

1. 출산 등 관련 불리한 처우금지

1-1. 해고 제한

① 사용자는 산전(産前)·산후(産後)의 여성근로자가 「근로기준법」에 따라 휴업한 기간과 그 후 30일 동안은 해고할 수 없습니다(「근로기준법」 제23조 제2항 본문).

② 다만, 사용자가 일시보상을 하였거나 사업을 계속할 수 없게 된 경우에는 해고할 수 있습니다(「근로기준법」 제23조 제2항 단서).

③ 이를 위반하여 여성근로자를 해고한 경우 5년 이하의 징역 또는 5천만원 이하의 벌금에 처해집니다(「근로기준법」 제107조).

1-2. 연차 유급휴가의 산정시 특례

연차 유급휴가를 산정할 때 임신 중의 여성이 출산전후휴가 및 유산·사산휴가로 휴업한 기간은 출근한 것으로 봅니다(「근로기준법」 제60조 제6항 제2호).

1-3. 동일·유사 업무 복귀 보장

① 사업주는 여성근로자의 출산전후휴가 종료 된 후에는 휴가 전과 동일한 업무 또는 동등한 수준의 임금을 지급하는 직무에 복귀시켜야 합니다(「근로기준법」 제74조 제6항).

② 이를 위반할 경우 사업주는 500만원 이하의 벌금에 처해집니다(「근로기준법」제 114조 제1호).

제4장

경력단절여성근로자 지원

1. 여성근로자의 경력단절 예방 및 재취업 지원

1-1. 경력단절여성의 개념

① 경력단절여성이란 혼인·임신·출산·육아와 가족구성원의 돌봄 등을 이유로 경제활동을 중단하였거나 경제활동을 한 적이 없는 여성 중에서 취업을 희망하는 여성을 말합니다(「여성의 경제활동 촉진과 경력단절 예방법」 제2조 제1호).

② 정부는 경력단절여성등의 연령, 경력, 학력 등에 적합한 취업과 창업 등 일자리를 창출하기 위하여 노력해야 하며, 여성가족부장관과 고용노동부 장관은 여성의 일자리 질을 제고하기 위하여 성별임금 격차 축소 등 근로환경 개선을 위한 시책을 수립·시행해야 합니다(「여성의 경제활동 촉진과 경력단절 예방법」 제10조 제2항).

1-2. 경력단절 예방 지원

여성가족부장관과 고용노동부장관은 여성의 경제활동 촉진과 경력단절을 예방하기 위하여 다음의 기관이 생애주기별 여성경력설계 및 개발 상담 등을 실시할 수 있도록 지원할 수 있습니다(「여성의 경제활동 촉진과 경력단절 예방법」 제12조 및 「여성의 경제활동 촉진과 경력단절 예방법 시행규칙」 제2조).

- 여성인력개발센터
- 여성경제활동지원센터
- 「고등교육법」 제2조에 따른 학교

2. 경력단절여성의 재취업지원

2-1. 직업교육훈련

① 여성가족부장관은 경력단절여성등의 경제활동을 촉진하기 위하여 여성인력개발기관 등의 기관에 여성에 대한 직업교육훈련을 실시하도록 지원할 수 있습니다(「여성의 경제활동 촉진과 경력단절 예방법」 제13조 제1항).

② 지방자치단체의 장은 경력단절여성등의 경제활동을 촉진하기 위하여 지역의 특성에 맞는 직업교육훈련을 실시할 수 있습니다. 이 경우 여성가족부장관과 고용노동부장관은 지방자치단체가 실시하는 직업교육훈련에 필요한 지원을 할 수 있습니다(「여성의 경제활동 촉진과 경력단절 예방법」 제13조 제2항 및 제3항).

2-2. 인턴취업지원

① 여성가족부장관은 경력단절여성등의 직업적응을 위하여 기업 등을 대상으로 인턴취업지원사업을 실시할 수 있습니다(「여성의 경제활동 촉진과 경력단절 예방법」 제14조 제1항).

② 여성가족부장관은 지방자치단체가 실시하는 일경험 지원 사업에 대하여 필요한 지원을 할 수 있으며, 일경험 지원과 취업연계를 위한 시책을 마련하고 지원할 수 있습니다(「여성의 경제활동 촉진과 경력단절 예방법」 제14조 제2항 및 제3항).

3. 여성경제활동지원센터의 지정 및 운영

3-1. 여성경제활동지원센터(여성새로일하기센터)

① 여성가족부장관과 고용노동부장관은 여성의 경력단절 예방과 경제활동 촉진에 필요한 다음의 사업을 수행하기 위하여 특별시·광역시·특별자치시·도·특별자치도 또는 시·군·구(자치구를 말함) 단위의 여성경제활동지원센터(이하 "지원센터"라 함)를 지정·운영할 수 있습니다(「여성의 경제활동 촉진과 경력단절 예방법」 제17조 제1항).

② 여성경제활동지원센터에서는 다음과 같은 업무를 수행합니다.
   - 혼인·임신·출산과 휴직 후 복귀 등에 관한 상담, 정보제공 및 경력관리
   - 생애주기별 경력개발교육, 멘토링 및 네트워크 형성 등 경력단절 예방 프로그램 지원
   - 취업·창업 정보 제공 및 상담
   - 직업교육훈련, 취업알선 및 취업 후 직장적응 지원
   - 보육 지원 등 복지서비스 제공 및 연계
   - 여성의 경제활동 촉진과 경력단절 예방을 위한 관련 기관, 기업과의 지역 단위 네트워크 구축·운영
   - 그 밖에 여성의 경제활동 촉진과 경력단절 예방을 위하여 필요한 사업

③ 여성가족부장관과 고용노동부장관은 여성의 경력단절 예방과 경제활동 촉진에 관한 정책 및 지원센터의 사업을 효율적이고 체계적으로 지원하기 위하여 다음의 업무를 수행하는 중앙여성경제활동지원센터(이하 "중앙지원센터"라 한다)를 지정·운영할 수 있습니다(「여성의 경제활동 촉진과 경력단절 예방법」 제16조 제1항 및 제2항).
   - 경력단절 예방에 관한 상담, 교육 등 사업 프로그램의 개발·보급
   - 경력단절 예방에 관한 사회적·문화적 인식 개선 및 홍보 사업
   - 취업·창업지원 등의 상담, 교육 등 사업 프로그램의 개발·보급
   - 경력단절여성등의 직장 조기 적응 프로그램 개발·보급

- 여성의 경제활동 촉진과 경력단절 예방을 위한 관련 기관, 기업과의 전국 단위 네트워크 구축·운영
- 여성경제활동지원센터에 대한 평가 및 컨설팅
- 여성경제활동지원센터 인력에 대한 교육훈련 및 근로환경 조사
- 「여성의 경제활동 촉진과 경력단절 예방법」 제17조제1항 각 호에 따른 사업과 관련한 우수사례 발굴 및 홍보

④ 여성새로일하기센터는 혼인·임신·출산·육아 등으로 경력이 단절된 여성 등에게 취업 상담, 직업교육훈련, 인턴십 및 취업 후 사후관리 등 종합적인 취업서비스를 지원하는 기관으로 고용노동부와 여성가족부가 공동주관 합니다.

⑤ 여성근로자의 경력단절예방을 위한 각종 정책 활동은 〈여성새로일하기센터 경력단절예방〉에서 확인할 수 있습니다.

■ 재취업에 관한 정보나 상담은 어디에서 할 수 있을까요?

Q. 출산 후 육아를 계속하다보니 한동안 경제활동의 공백기가 생겼습니다. 이제 아이가 어린이집을 다니게 되어 다시 취업을 하려고 하는데 재취업을 하자니 어디서부터 알아보아야 할지 막막합니다. 재취업에 관한 정보나 상담은 어디에서 할 수 있을까요?

A. 특별시·광역시·특별자치시·도·특별자치도 또는 시·군·구 단위의 여성경제활동지원센터에 문의해 보세요. 근처의 경력단절여성지원센터는 여성새로일하기센터 홈페이지에서 찾아볼 수 있습니다.

◇ 경력단절여성이란

경력단절여성이란 혼인·임신·출산·육아와 가족구성원의 돌봄 등을 이유로 경제활동을 중단하였거나 경제활동을 한 적이 없는 여성 중에서 취업을 희망하는 여성을 말합니다.

◇ 여성경제활동지원센터(여성새로일하기센터)

여성경제활동지원센터는 혼인·임신·출산·육아 등으로 경력이 단절된 여성 등에게 취업 상담, 직업교육훈련, 인턴십 및 취업 후 사후관리 등 종합적인 취업서비스 지원하는 기관으로 고용노동부와 여성가족부가 공동주관 합니다.

※ 여성근로자의 경력단절예방을 위한 정책 활동은 여성새로일하기센터 홈페이지 (https://saeil.mogef.go.kr)에서 자세히 확인할 수 있습니다.

부록 : 관련법령과 판례

- 남녀고용평등과 일 · 가정 양립 지원에 관한 법률
- 남녀고용평등과 일 · 가정 양립 지원에 관한 법률 시행령

남녀고용평등과 일 · 가정 양립 지원에 관한 법률
(약칭: 남녀고용평등법)

[시행 2022. 5. 19.]
[법률 제18178호, 2021. 5. 18., 일부개정]

제1장 총칙 〈개정 2007. 12. 21.〉

제1조(목적) 이 법은 「대한민국헌법」의 평등이념에 따라 고용에서 남녀의 평등한 기회와 대우를 보장하고 모성 보호와 여성 고용을 촉진하여 남녀고용평등을 실현함과 아울러 근로자의 일과 가정의 양립을 지원함으로써 모든 국민의 삶의 질 향상에 이바지하는 것을 목적으로 한다.

[전문개정 2007. 12. 21.]

■ 관련판례소

【판시사항】

[1] 구 남녀고용평등법 제8조 제1항에서 정한 '동일가치의 노동'의 의미와 판단 기준

[2] 사업자가 동일한 사업 내에서 근무하는 남녀근로자가 제공하는 노동이 동일한 가치인데도 합리적 이유 없이 여성근로자에게 남성근로자보다 적은 임금을 지급할 경우,

구 남녀고용평등법 제8조 제1항을 위반한 행위로서 불법행위를 구성하는지 여부(적극) 및 이 경우 손해배상책임의 범위

【판결요지】

[1] 구 남녀고용평등법(2007. 12. 21. 법률 제8781호 '남녀고용평등과 일·가정 양립 지원에 관한 법률'로 개정되기 전의 것) 제8조 제1항은 "사업주는 동일한 사업 내의 동일가치의 노동에 대하여는 동일한 임금을 지급하여야 한다."고 규정하고 있는바, '동일가치의 노동'이란 당해 사업장 내의 서로 비교되는 남녀 간의 노동이 동일하거나 실질적으로 거의 같은 성질의 노동 또는 그 직무가 다소 다르더라도 객관적인 직무평가 등에 의하여 본질적으로 동일한 가치가 있다고 인정되는 노동에 해당하는 것을 말한다. 동일가치의 노동인지는 같은 조 제2항에서 정한 직무 수행에서 요구되는 기술, 노력, 책임 및 작업조건을 비롯하여 근로자의 학력·경력·근속연수 등의 기준을 종합적으로 고려하여 판단하여야 하는데, 여기서 '기술'은 자격증, 학위, 습득된 경험 등에 의한 직무수행능력 또는 솜씨의 객관적 수준을, '노력'은 육체적 및 정신적 노력, 작업수행에 필요한 물리적 및 정신적 긴장 즉, 노동 강도를, '책임'은 업무에 내재한 의무의 성격·범위·복잡성, 사업주가 당해 직무에 의존하는 정도를, '작업조건'은 소음, 열, 물리적·화학적 위험, 고립, 추위 또는 더위의 정도 등 당해 업무에 종사하는 근로자가 통상적으로 처하는 물리적 작업환경을 말한다.

남녀고용평등과 일·가정 양립 지원에 관한 법률 시행령

(약칭: 남녀고용평등법 시행령)

[시행 2022. 5. 19.]
[대통령령 제32131호, 2021. 11. 19., 일부개정]

제1장 총칙

제1조(목적) 이 영은 「남녀고용평등과 일·가정 양립 지원에 관한 법률」에서 위임된 사항과 그 시행에 필요한 사항을 규정함을 목적으로 한다.

제2조(적용범위) ① 「남녀고용평등과 일·가정 양립 지원에 관한 법률」(이하 "법"이라 한다) 제3조제1항 단서에 따라 동거하는 친족만으로 이루어지는 사업 또는 사업장(이하 "사업"이라 한다)과 가사사용인에 대하여는 법의 전부를 적용하지 아니한다.
② 삭제 〈2018. 5. 28.〉

제2장 고용에 있어서 남녀의 평등한 기회보장 및 대우 등

제3조(직장 내 성희롱 예방 교육) ① 사업주는 법 제13조에 따라 직장 내 성희롱 예방을 위한 교육을 연 1회 이상 하여야 한다 .
② 제1항에 따른 예방 교육에는 다음 각 호의 내용이 포함되어야 한다.
  1. 직장 내 성희롱에 관한 법령
  2. 해당 사업장의 직장 내 성희롱 발생 시의 처리 절차와 조치 기준
  3. 해당 사업장의 직장 내 성희롱 피해 근로자의 고충상담 및 구제 절차
  4. 그 밖에 직장 내 성희롱 예방에 필요한 사항

③ 제1항에 따른 예방 교육은 사업의 규모나 특성 등을 고려하여 직원연수·조회·회의, 인터넷 등 정보통신망을 이용한 사이버 교육 등을 통하여 실시할 수 있다. 다만, 단순히 교육자료 등을 배포·게시하거나 전자우편을 보내거나 게시판에 공지하는 데 그치는 등 근로자에게 교육 내용이 제대로 전달되었는지 확인하기 곤란한 경우에는 예방 교육을 한 것으로 보지 아니한다.

④ 제2항 및 제3항에도 불구하고 다음 각 호의 어느 하나에 해당하는 사업의 사업주는 제2항제1호부터 제4호까지의 내용을 근로자가 알 수 있도록 교육자료 또는 홍보물을 게시하거나 배포하는 방법으로 직장 내 성희롱 예방 교육을 할 수 있다. 〈개정 2014. 12. 30.〉

  1. 상시 10명 미만의 근로자를 고용하는 사업
  2. 사업주 및 근로자 모두가 남성 또는 여성 중 어느 한 성(性)으로 구성된 사업

⑤ 사업주가 소속 근로자에게 「국민 평생 직업능력 개발법」 제24조에 따라 인정받은 훈련과정 중 제2항 각 호의 내용이 포함되어 있는 훈련과정을 수료하게 한 경우에는 그 훈련과정을 마친 근로자에게는 제1항에 따른 예방 교육을 한 것으로 본다. 〈개정 2022. 2. 17.〉

제4조(적극적 고용개선조치 시행계획 수립·제출의무 등의 부과대상 사업) ① 법 제17조의3제1항제1호에서 "대통령령으로 정하는 공공기관·단체"란 「공공기관의 운영에 관한 법률」 제4조에 따른 공공기관, 「지방공기업법」 제49조에 따른 지방공사 및 같은 법 제76조에 따른 지방공단을 말한다. 〈개정 2017. 12. 19.〉

② 법 제17조의3제1항제2호에서 "대통령령으로 정하는 규모 이상의 근로자를 고용하는 사업"이란 다음 각 호의 어느 하나에 해당하는 사업을 말한다. 〈개정 2018. 5. 28., 2021. 12. 28.〉

  1. 「독점규제 및 공정거래에 관한 법률」 제31조제1항 및 같은 법 시행령 제38조제1항에 따라 지정된 공시대상기업집단의 사업의 경우에는 상시 300명 이상의 근로자를 고용하는 사업
  2. 제1호 외의 사업의 경우에는 상시 500명 이상의 근로자를 고용하는 사업

③ 제2항을 적용할 때 상시 고용하는 근로자의 수는 전년도에 매월 고용한 월평균 근로자 수의 연간 합계를 전년도의 조업월수로 나누어 산정(算定)한다.

제5조(이행실적 평가 위탁기관 등) ① 법 제17조의4제6항에서 "대통령령으로 정하는 기관이나 단체"란 「정부출연연구기관 등의 설립·운영 및 육성에 관한 법률」 제8조에 따라 설립된 연구기관 또는 「민법」 제32조에 따라 설립된 비영리법인 중 고용노동부장관이 지정하는 연구기관 또는 법인을 말한다. 〈개정 2010. 7. 12.〉

② 고용노동부장관은 법 제17조의4제6항에 따라 평가 업무를 위탁하는 경우에는 그 업무를 위탁받은 기관에 업무 수행에 필요한 경비를 지원할 수 있다. 〈개정 2010. 7. 12.〉

제6조(명단 공표 제외 사유) ① 법 제17조의5제1항 단서에서 "사업주의 사망·기업의 소멸 등 대통령령으로 정하는 사유가 있는 경우"란 다음 각 호의 어느 하나에 해당하는 경우를 말한다.

1. 사업주가 사망한 경우
2. 사업장이 폐업하거나 소멸한 경우
3. 「채무자 회생 및 파산에 관한 법률」에 따른 회생절차개시 결정을 받거나 파산선고를 받은 경우 등 중대한 경영상의 이유로 법 제17조의3에 따른 시행계획(이하 "시행계획"이라 한다)의 이행이 어려운 경우
4. 사업주가 여성 근로자의 채용 또는 여성 관리자(사업장의 단위 부서의 책임자로서 해당 부서의 사업을 기획·지휘하는 업무를 수행하고 부서 구성원을 감독·평가하는 자를 말한다. 이하 같다)의 임용 등 시행계획의 이행을 위하여 실질적인 노력을 하고 있는 경우

② 고용노동부장관은 사업주가 제1항 각 호의 어느 하나에 해당하는지 여부를 결정할 때에는 법 제17조의8제5호에 따라 고용정책심의회의 심의를 거쳐야 한다.

[본조신설 2014. 12. 30.]

제7조(명단 공표의 내용·방법 등) ① 고용노동부장관은 법 제17조의5제1항 본문에 따라 명단을 공표하려는 경우 명단 공표 대상 사업주에게 공표 결정 사실, 공표 내용 등을 서면으로 통지하여야 한다.

② 고용노동부장관은 제1항에 따른 통지를 받은 날부터 30일 이상의 기간을 정하여 사업주가 소명자료를 제출하거나 의견을 진술할 수 있도록 기회를 주어야 한다.

③ 법 제17조의5제2항에 따른 공표의 내용은 다음 각 호와 같다.

1. 해당 사업주의 성명, 사업장의 명칭·주소. 이 경우 해당 사업주가 법인인 경우에는 그 대표자의 성명 및 법인의 명칭·주소를 말한다.
2. 해당 연도의 전체 근로자 수, 여성 근로자 수 및 그 비율, 전체 관리자 수, 여성 관리자 수 및 그 비율, 해당 업종의 여성 근로자의 고용기준

④ 법 제17조의5제2항에 따른 공표 방법은 관보에 게재하거나 고용노동부의 홈페이지에 6개월 간 게시하는 것으로 한다.

[본조신설 2014. 12. 30.]

제8조 삭제 〈2009. 12. 30.〉

제9조(조사·연구 위탁기관) 법 제17조의9제2항에서 "대통령령으로 정하는 자"란 「정부출연연구기관 등의 설립·운영 및 육성에 관한 법률」 제8조에 따라 설립된 연구기관 또는 「민법」 제32조에 따라 설립된 비영리법인 중 고용노동부장관이 지정한 연구기관 또는 법인을 말한다.

〈개정 2010. 7. 12., 2014. 12. 30.〉

제3장 모성 보호 및 일·가정의 양립 지원

제9조의2(난임치료휴가의 신청) ① 법 제18조의3제1항에 따라 난임치료를 받기 위한 휴가(이하 "난임치료휴가"라 한다)를 신청하려는 근로자는 난임치료휴가를 사용하려는 날, 난임치료휴가 신청 연월일 등에 대한 사항을 적은 문서(전자문서를 포함한다)를 사업주에게 제출해야 한다. 〈개정 2019. 12. 24.〉

② 사업주는 난임치료휴가를 신청한 근로자에게 난임치료를 받을 사실을 증명할 수 있는 서류의 제출을 요구할 수 있다.

[본조신설 2018. 5. 28.]

제10조(육아휴직의 적용 제외) 법 제19조제1항 단서에서 "대통령령으로 정하는 경우"란 육아휴직을 시작하려는 날(이하 "휴직개시예정일"이라 한다)의 전날까지 해당 사업에서 계속 근로한 기간이 6개월 미만인 근로자가 신청한 경우를 말한다.

[전문개정 2019. 12. 24.]

제11조(육아휴직의 신청 등) ① 법 제19조제1항 본문에 따라 육아휴직을 신청하려는 근로자는 휴직개시예정일의 30일 전까지 신청서에 다음 각 호의 사항을 적어 사업주에게 제출해야 한다. 〈개정 2021. 11. 19.〉
   1. 신청인의 성명, 생년월일 등 인적사항
   2. 육아휴직 대상인 영유아의 성명·생년월일(임신 중인 여성근로자가 육아휴직을 신청하는 경우에는 영유아의 성명을 적지 않으며, 생년월일 대신 출산 예정일을 적어야 한다)
   3. 휴직개시예정일
   4. 육아휴직을 종료하려는 날(이하 "휴직종료예정일"이라 한다)
   5. 육아휴직 신청 연월일
② 제1항에도 불구하고 다음 각 호의 어느 하나에 해당하는 경우에는 휴직개시예정일 7일 전까지 육아휴직을 신청할 수 있다. 〈개정 2021. 11. 19.〉
   1. 임신 중인 여성 근로자에게 유산 또는 사산의 위험이 있는 경우
   2. 출산 예정일 이전에 자녀가 출생한 경우
   3. 배우자의 사망, 부상, 질병 또는 신체적·정신적 장애나 배우자와의 이혼 등으로 해당 영유아를 양육하기 곤란한 경우
③ 사업주는 근로자가 제1항에 따른 기한이 지난 뒤에 육아휴직을 신청한 경우에는 그 신청일부터 30일 이내에, 제2항에 따른 기한이 지난 뒤에 육아휴직을 신청한 경우에는 그 신청일부터 7일 이내에 육아휴직 개시일을 지정하여 육아휴직을 허용하여야 한다.
④ 사업주는 제1항 또는 제2항에 따라 육아휴직을 신청한 근로자에게 임신 중인 사실을 증명할 수 있는 서류나 해당 자녀의 출생 등을 증명할 수 있는 서류의 제출을 요구할 수 있다. 〈개정 2021. 11. 19.〉

제12조(육아휴직의 변경신청 등) ① 육아휴직을 신청한 근로자는 휴직 개시예정일 전에 제11조제2항 각 호의 어느 하나에 해당하는 사유가 발생한 경우에는 사업주에게 그 사유를 명시하여 휴직개시예정일을 당초의 예정일 전으로 변경하여 줄 것을 신청할 수 있다.

② 근로자는 휴직종료예정일을 연기하려는 경우에는 한 번만 연기할 수 있다. 이 경우 당초의 휴직종료예정일 30일 전(제11조제2항제1호 또는 제3호의 사유로 휴직종료예정일을 연기하려는 경우에는 당초의 예정일 7일 전)까지 사업주에게 휴직종료예정일의 연기를 신청해야 한다. 〈개정 2021. 11. 19.〉

제13조(육아휴직 신청의 철회 등) ① 육아휴직을 신청한 근로자는 휴직개시예정일의 7일 전까지 사유를 밝혀 그 신청을 철회할 수 있다.

② 근로자가 육아휴직을 신청한 후 휴직개시예정일 전에 다음 각 호의 구분에 따른 사유가 발생하면 그 육아휴직 신청은 없었던 것으로 본다. 〈개정 2021. 11. 19.〉
  1. 임신 중인 여성 근로자가 육아휴직을 신청한 경우: 유산 또는 사산
  2. 제1호 외의 근로자가 육아휴직을 신청한 경우
    가. 해당 영유아의 사망
    나. 양자인 영유아의 파양이나 입양의 취소
    다. 육아휴직을 신청한 근로자가 부상 또는 질병이나 신체적·정신적 장애, 배우자와의 이혼 등으로 해당 영유아를 양육할 수 없게 된 경우

③ 근로자는 제2항 각 호의 구분에 따른 사유가 발생하면 지체 없이 그 사실을 사업주에게 알려야 한다. 〈신설 2021. 11. 19.〉

제14조(육아휴직의 종료) ① 육아휴직 중인 근로자는 다음 각 호의 구분에 따른 사유가 발생하면 그 사유가 발생한 날부터 7일 이내에 그 사실을 사업주에게 알려야 한다. 〈개정 2021. 11. 19.〉
  1. 임신 중인 여성 근로자가 육아휴직 중인 경우: 유산 또는 사산
  2. 제1호 외의 근로자가 육아휴직 중인 경우
    가. 해당 영유아의 사망
    나. 해당 영유아와 동거하지 않고 영유아의 양육에도 기여하지 않게 된 경우

② 사업주는 제1항에 따라 육아휴직 중인 근로자로부터 영유아의 사망 등에 대한 사실을 통지받은 경우에는 통지받은 날부터 30일 이내로 근무개시일을 지정하여 그 근로자에게 알려야 한다.

③ 근로자는 다음 각 호의 어느 하나에 해당하는 날에 육아휴직이 끝난 것으로 본다.
  1. 제1항에 따라 통지를 하고 제2항에 따른 근무개시일을 통지받은 경우에는 그 근무개시일의 전날
  2. 제1항에 따라 통지를 하였으나 제2항에 따른 근무개시일을 통지받지 못한 경우에는 제1항의 통지를 한 날부터 30일이 되는 날
  3. 제1항에 따른 통지를 하지 아니한 경우에는 영유아의 사망 등의 사유가 발생한 날부터 37일이 되는 날

④ 육아휴직 중인 근로자가 새로운 육아휴직을 시작하거나 「근로기준법」 제74조제1항에 따른 출산전후휴가 또는 법 제19조의2에 따른 육아기 근로시간 단축(이하 "육아기 근로시간 단축"이라 한다)을 시작하는 경우에는 그 새로운 육아휴직, 출산전후휴가 또는 육아기 근로시간 단축 개시일의 전날에 육아휴직이 끝난 것으로 본다. 〈개정 2012. 7. 10., 2021. 11. 19.〉

[제목개정 2019. 12. 24.]

제15조(육아기 근로시간 단축의 신청 등) ① 법 제19조의2제1항 본문에 따라 육아기 근로시간 단축을 신청하려는 근로자는 육아기 근로시간 단축을 시작하려는 날(이하 "단축개시예정일"이라 한다)의 30일 전까지 육아기 근로시간 단축기간 중 양육하는 대상인 자녀의 성명, 생년월일, 단축개시예정일, 육아기 근로시간 단축을 종료하려는 날(이하 "단축종료예정일"이라 한다), 육아기 근로시간 단축 중 근무개시시각 및 근무종료시각, 육아기 근로시간 단축 신청 연월일, 신청인 등에 대한 사항을 적은 문서(전자문서를 포함한다)를 사업주에게 제출하여야 한다.

② 사업주는 근로자가 제1항에 따른 기한이 지난 뒤에 육아기 근로시간 단축을 신청한 경우에는 그 신청일부터 30일 이내로 육아기 근로시간 단축 개시일을 지정하여 육아기 근로시간 단축을 허용하여야 한다.

③ 사업주는 제1항 및 제2항에 따라 육아기 근로시간 단축을 신청한 근로자에게 해당 자녀의 출생 등을 증명할 수 있는 서류의 제출을 요구할 수 있다.

[본조신설 2012. 7. 10.]

[종전 제15조는 제15조의4로 이동 〈2012. 7. 10.〉]

제15조의2(육아기 근로시간 단축의 허용 예외) 법 제19조의2제1항 단서에서 "대통령령으로 정하는 경우"란 다음 각 호의 어느 하나에 해당하는 경우를 말한다. 〈개정 2019. 12. 24.〉

1. 단축개시예정일의 전날까지 해당 사업에서 계속 근로한 기간이 6개월 미만인 근로자가 신청한 경우
2. 삭제 〈2019. 12. 24.〉
3. 사업주가 「직업안정법」 제2조의2제1호에 따른 직업안정기관(이하 "직업안정기관"이라 한다)에 구인신청을 하고 14일 이상 대체인력을 채용하기 위하여 노력하였으나 대체인력을 채용하지 못한 경우. 다만, 직업안정기관의 장의 직업소개에도 불구하고 정당한 이유 없이 2회 이상 채용을 거부한 경우는 제외한다.
4. 육아기 근로시간 단축을 신청한 근로자의 업무 성격상 근로시간을 분할하여 수행하기 곤란하거나 그 밖에 육아기 근로시간 단축이 정상적인 사업 운영에 중대한 지장을 초래하는 경우로서 사업주가 이를 증명하는 경우

[본조신설 2012. 7. 10.]

제15조의3(육아기 근로시간 단축의 종료) ① 육아기 근로시간 단축 중인 근로자는 그 영유아가 사망한 경우 또는 그 영유아와 동거하지 않게 된 경우(영유아의 양육에 기여하지 않는 경우로 한정한다)에는 그 사유가 발생한 날부터 7일 이내에 그 사실을 사업주에게 알려야 한다. *〈개정 2019. 12. 24.〉*

② 사업주는 제1항에 따라 육아기 근로시간 단축 중인 근로자로부터 영유아의 사망 등에 대한 사실을 통지받은 경우에는 통지받은 날부터 30일 이내로 육아기 근로시간 단축 전 직무 복귀일을 지정하여 그 근로자에게 알려야 한다.

③ 근로자는 다음 각 호의 어느 하나에 해당하는 날에 육아기 근로시간 단축이 끝난 것으로 본다.

　　1. 제1항에 따라 통지를 하고 제2항에 따른 육아기 근로시간 단축 전 직무 복귀일을 통지받은 경우에는 그 육아기 근로시간 단축 전 직무 복귀일의 전날

　　2. 제1항에 따라 통지를 하였으나 제2항에 따른 육아기 근로시간 단축 전 직무 복귀일을 통지받지 못한 경우에는 제1항의 통지를 한 날부터 30일이 되는 날

　　3. 제1항에 따른 통지를 하지 아니한 경우에는 영유아의 사망 등 육아기 근로시간 단축의 종료 사유가 발생한 날부터 37일이 되는 날

④ 육아기 근로시간 단축 중인 근로자가 새로운 육아기 근로시간 단축을 시작하거나 육아휴직 또는 「근로기준법」 제74조에 따른 출산전후휴가를 시작하는 경우에는 그 새로운 육아기 근로시간 단축, 육아휴직 또는 출산전후휴가 개시일의 전날에 육아기 근로시간 단축이 끝난 것으로 본다.

[본조신설 2012. 7. 10.]
[제목개정 2019. 12. 24.]

제15조의4(준용) 법 제19조의2에 따른 육아기 근로시간 단축의 절차 등에 관하여는 제12조제2항 및 제13조를 준용한다. 이 경우 "육아휴직"은 "육아기 근로시간 단축"으로, "휴직개시예정일"은 "단축개시예정일"로, "휴직종료예정일"은 "단축종료예정일"로 본다.

[전문개정 2012. 7. 10.]
[제15조에서 이동 〈2012. 7. 10.〉]

제16조(복지시설의 우선 설치지역) 법 제22조제1항에 따라 국가나 지방자치단체가 여성근로자를 위한 공공복지시설을 설치하는 경우에는 공업단지·농공지구 등 여성근로자가 많은 지역부터 우선 설치하여야 한다.

제16조의2(가족돌봄휴직 및 가족돌봄휴가의 신청 등) ① 법 제22조의2제1항 본문에 따라 가족돌봄휴직을 신청하려는 근로자는 가족돌봄휴직을 시작하려는 날(이하 "돌봄휴직개시예정일"이라 한다)의 30일 전까지 가족돌봄휴직 기간 중 돌보는 대상인 가족의 성명, 생년월일, 돌봄이 필요한 사유, 돌봄휴직개시예정일, 가족돌봄휴직을 종료하려는 날(이하 "돌봄휴직종료예정일"이라 한다), 가족돌봄휴직 신청 연월일, 신청인 등에

대한 사항을 적은 문서(전자문서를 포함한다)를 사업주에게 제출하여야 한다.

② 사업주는 근로자가 제1항에 따른 기한이 지난 뒤에 가족돌봄휴직을 신청한 경우에는 그 신청일부터 30일 이내로 가족돌봄휴직 개시일을 지정하여 가족돌봄휴직을 허용하여야 한다.

③ 사업주는 가족돌봄휴직을 신청한 근로자에게 돌봄이 필요한 가족의 건강 상태, 신청인 외의 가족 등의 돌봄 가능 여부 등 근로자의 가족돌봄휴직의 필요성을 확인할 수 있는 서류의 제출을 요구할 수 있다.

④ 법 제22조의2제2항 본문에 따라 가족돌봄휴가를 신청하려는 근로자는 가족돌봄휴가를 사용하려는 날, 가족돌봄휴가 중 돌보는 대상인 가족의 성명·생년월일, 가족돌봄휴가 신청 연월일, 신청인 등에 대한 사항을 적은 문서(전자문서를 포함한다)를 사업주에게 제출해야 한다. 〈신설 2019. 12. 24.〉

[본조신설 2012. 7. 10.]
[제목개정 2019. 12. 24.]

제16조의3(가족돌봄휴직 및 가족돌봄휴가의 허용 예외) ① 법 제22조의2제1항 단서에서 "대통령령으로 정하는 경우"란 다음 각 호의 어느 하나에 해당하는 경우를 말한다. 〈개정 2019. 12. 24.〉

1. 돌봄휴직개시예정일의 전날까지 해당 사업에서 계속 근로한 기간이 6개월 미만인 근로자가 신청한 경우
2. 부모, 배우자, 자녀 또는 배우자의 부모를 돌보기 위하여 가족돌봄휴직을 신청한 근로자 외에도 돌봄이 필요한 가족의 부모, 자녀, 배우자 등이 돌봄이 필요한 가족을 돌볼 수 있는 경우
3. 조부모 또는 손자녀를 돌보기 위하여 가족돌봄휴직을 신청한 근로자 외에도 조부모의 직계비속 또는 손자녀의 직계존속이 있는 경우. 다만, 조부모의 직계비속 또는 손자녀의 직계존속에게 질병, 노령, 장애 또는 미성년 등의 사유가 있어 신청한 근로자가 돌봐야 하는 경우는 제외한다.
4. 사업주가 직업안정기관에 구인신청을 하고 14일 이상 대체인력을 채용하기 위하여 노력하였으나 대체인력을 채용하지 못한 경우. 다만, 직업안정기관의 장의 직업소개에도 불구하고 정당한 이유 없이 2회 이상 채용을 거부한 경우는 제외한다.
5. 근로자의 가족돌봄휴직으로 인하여 정상적인 사업 운영에 중대한 지장이 초래되는 경우로서 사업주가 이를 증명하는 경우

② 법 제22조의2제2항 본문에서 "조부모 또는 손자녀의 경우 근로자 본인 외에도 직계비속 또는 직계존속이 있는 등 대통령령으로 정하는 경우"란 조부모 또는 손자녀를 돌보기 위하여 가족돌봄휴가를 신청한 근로자 외에도 조부모의 직계비속 또는 손자녀의 직계존속이 있는 경우를 말한다. 다만, 조부모의 직계비속 또는 손자녀의 직계존속에게 질병, 노령, 장애 또는 미성년 등의 사유가 있어 신청한 근로자가 돌봐야 하는 경우는 제외한다. 〈신설 2019. 12. 24.〉

[본조신설 2012. 7. 10.]
[제목개정 2019. 12. 24.]

제16조의4(가족돌봄휴직 신청의 철회 등) ① 가족돌봄휴직을 신청한 근로자는 돌봄휴직개시예정일의 7일 전까지 사유를 밝혀 그 신청을 철회할 수 있다.

② 근로자가 가족돌봄휴직을 신청한 후 돌봄휴직개시예정일 전에 돌봄이 필요한 가족이 사망하거나 질병 등이 치유된 경우에는 그 신청은 없었던 것으로 본다. 이 경우 근로자는 지체 없이 그 사실을 사업주에게 알려야 한다.

[본조신설 2019. 12. 24.]

[종전 제16조의4는 제16조의6으로 이동 〈2019. 12. 24.〉]

제16조의5(가족돌봄휴직의 종료) ① 가족돌봄휴직 중인 근로자는 돌봄이 필요한 가족이 사망하거나 질병 등이 치유된 경우에는 그 사유가 발생한 날부터 7일 이내에 그 사실을 사업주에게 알려야 한다.

② 사업주는 제1항에 따라 통지를 받은 경우 통지받은 날부터 30일 이내로 근무개시일을 지정하여 그 근로자에게 알려야 한다.

③ 근로자는 다음 각 호의 어느 하나에 해당하는 날에 가족돌봄휴직이 끝난 것으로 본다.

　　1. 제1항에 따라 통지를 하고 제2항에 따른 근무개시일을 통지받은 경우에는 그 근무개시일의 전날

　　2. 제1항에 따라 통지를 했으나 제2항에 따른 근무개시일을 통지받지 못한 경우에는 제1항의 통지를 한 날부터 30일이 되는 날

　　3. 제1항에 따른 통지를 하지 않은 경우에는 제1항에 따른 사유가 발생한 날부터 37일이 되는 날

[본조신설 2019. 12. 24.]

제16조의6(준용) 법 제22조의2제1항에 따른 가족돌봄휴직의 절차 등에 관하여는 제12조제2항을 준용한다. 이 경우 "휴직종료예정일"은 "돌봄휴직종료예정일"로 본다. 〈개정 2019. 12. 24.〉

[본조신설 2012. 7. 10.]

[제16조의4에서 이동 〈2019. 12. 24.〉]

제16조의7(가족돌봄 등을 위한 근로시간 단축의 신청 등) ① 법 제22조의3제1항에 따라 가족돌봄 등을 위한 근로시간 단축(이하 "가족돌봄등근로시간단축"이라 한다)을 신청하려는 근로자는 가족돌봄등근로시간단축을 시작하려는 날(이하 "가족돌봄등단축개시예정일"이라 한다)의 30일 전까지 가족돌봄등근로시간단축 신청사유, 가족돌봄등단축개시예정일, 가족돌봄등근로시간단축을 종료하려는 날(이하 "가족돌봄등단축종료예정일"이라 한다), 가족돌봄등근로시간단축 기간 중 근무개시시각·근무종료시각, 가족돌봄등근로시간단축 신청 연월일 및 신청인 등에 대한 사항을 적은 문서(전자문서를 포함한다)를 사업주에게 제출해야 한다.

② 사업주는 근로자가 제1항에 따른 기한이 지난 후에 가족돌봄등근로시간단축을 신청한 경우 그 신청일부터 30일 이내로 가족돌봄등근로시간단축 개시일을 지정하여 가족돌봄등근로시간단축을 허용해야 한다.

③ 제1항 및 제2항에 따라 근로자가 가족돌봄등근로시간단축을 신청했음에도 불구하고

그 신청일부터 30일 이내에 사업주로부터 가족돌봄등근로시간단축 허용 여부에 대하여 통지를 받지 못한 경우에는 근로자가 신청한 내용대로 사업주가 가족돌봄등근로시간단축을 허용한 것으로 본다.

④ 사업주는 제1항 및 제2항에 따라 가족돌봄등근로시간단축을 신청한 근로자에게 가족의 질병 등 해당 사유를 증명할 수 있는 서류의 제출을 요구할 수 있다.

[본조신설 2019. 12. 24.]

제16조의8(가족돌봄등근로시간단축의 허용 예외) 법 제22조의3제1항 각 호 외의 부분 단서에서 "대체인력 채용이 불가능한 경우, 정상적인 사업 운영에 중대한 지장을 초래하는 경우 등 대통령령으로 정하는 경우"란 다음 각 호의 어느 하나에 해당하는 경우를 말한다.

1. 가족돌봄등단축개시예정일의 전날까지 해당 사업에서 계속 근로한 기간이 6개월 미만의 근로자가 신청한 경우
2. 사업주가 직업안정기관에 구인신청을 하고 14일 이상 대체인력을 채용하기 위하여 노력했으나 대체인력을 채용하지 못한 경우. 다만, 직업안정기관의 장의 직업소개에도 불구하고 정당한 이유 없이 2회 이상 채용을 거부한 경우는 제외한다.
3. 가족돌봄등근로시간단축을 신청한 근로자의 업무 성격상 근로시간을 분할하여 수행하기 곤란하거나 그 밖에 가족돌봄등근로시간단축이 정상적인 사업 운영에 중대한 지장을 초래하는 경우로서 사업주가 이를 증명하는 경우
4. 가족돌봄등근로시간단축 종료일부터 2년이 지나지 않은 근로자가 신청한 경우

[본조신설 2019. 12. 24.]

제16조의9(가족돌봄등근로시간단축의 기간 연장 신청 등) ① 가족돌봄등근로시간단축 기간을 연장하려는 근로자는 가족돌봄등단축종료예정일 30일 전까지 가족돌봄등근로시간단축 기간 연장 사유, 당초 가족돌봄등단축종료예정일, 가족돌봄등근로시간단축 기간 연장에 따른 가족돌봄등단축종료예정일, 연장된 가족돌봄등근로시간단축 기간 중 근무개시시각·근무종료시각, 가족돌봄등근로시간단축 기간 연장 신청 연월일 및 신청인 등에 대한 사항을 적은 문서(전자문서를 포함한다)를 사업주에게 제출해야 한다.

② 사업주는 근로자가 제1항에 따른 기한이 지난 후에 가족돌봄등근로시간단축 기간 연장을 신청한 경우 그 신청일부터 30일 이내에 가족돌봄등근로시간단축을 연장하는 기간을 지정하여 가족돌봄등근로시간단축을 허용해야 한다.

③ 제1항 및 제2항에 따른 기간의 연장은 1회로 한정한다.

④ 제1항 및 제2항에 따라 근로자가 가족돌봄등근로시간단축 기간 연장을 신청했음에도 불구하고 그 신청일부터 30일 이내에 사업주로부터 가족돌봄등근로시간단축 기간 연장 허용 여부에 대하여 통지를 받지 못한 경우에는 근로자가 신청한 내용대로 사업주가 가족돌봄등근로시간단축 기간 연장을 허용한 것으로 본다.

⑤ 사업주는 제1항 및 제2항에 따라 가족돌봄등근로시간단축 기간 연장을 신청한 근로자에게 가족의 질병 등 해당 사유를 증명할 수 있는 서류의 제출을 요구할 수 있다.

[본조신설 2019. 12. 24.]

제16조의10(가족돌봄등근로시간단축 신청의 철회 등) ① 가족돌봄등근로시간단축을 신청한 근로자는 가족돌봄등단축개시예정일의 7일 전까지 사유를 밝혀 그 신청을 철회할 수 있다.

② 근로자가 가족돌봄등근로시간단축을 신청한 후 가족돌봄등단축개시예정일 전에 다음 각 호의 구분에 따른 사유가 발생하면 그 신청은 없었던 것으로 본다. 이 경우 근로자는 지체 없이 그 사실을 사업주에게 알려야 한다.

    1. 법 제22조의3제1항제1호의 사유로 신청한 경우: 해당 가족의 사망 또는 질병 등의 치유

    2. 법 제22조의3제1항제2호의 사유로 신청한 경우: 해당 질병 또는 부상 등의 치유

    3. 법 제22조의3제1항제3호 또는 제4호의 사유로 신청한 경우: 사정 변경으로 인한 은퇴준비 또는 학업에 관한 계획의 취소

[본조신설 2019. 12. 24.]

제16조의11(가족돌봄등근로시간단축의 종료) ① 가족돌봄등근로시간단축 중인 근로자는 다음 각 호의 구분에 따른 사유가 발생한 경우에는 그 사유가 발생한 날부터 7일 이내에 그 사실을 사업주에게 알려야 한다.

    1. 법 제22조의3제1항제1호의 사유로 단축 중인 경우: 해당 가족의 사망 또는 질병 등의 치유

    2. 법 제22조의3제1항제2호의 사유로 단축 중인 경우: 해당 질병 또는 부상 등의 치유

    3. 법 제22조의3제1항제3호 또는 제4호의 사유로 단축 중인 경우: 사정 변경으로 인한 은퇴준비 또는 학업의 중단

② 사업주는 제1항에 따라 통지를 받은 경우 통지받은 날부터 30일 이내로 가족돌봄등근로시간단축 전 직무 복귀일을 지정하여 그 근로자에게 알려야 한다.

③ 근로자는 다음 각 호의 어느 하나에 해당하는 날에 가족돌봄등근로시간단축이 끝난 것으로 본다.

    1. 제1항에 따라 통지를 하고 제2항에 따른 가족돌봄등근로시간단축 전 직무 복귀일을 통지받은 경우에는 그 가족돌봄등근로시간단축 전 직무 복귀일의 전날

    2. 제1항에 따라 통지를 했으나 제2항에 따른 가족돌봄등근로시간단축 전 직무 복귀일을 통지받지 못한 경우에는 제1항의 통지를 한 날부터 30일이 되는 날

    3. 제1항에 따른 통지를 하지 않은 경우에는 제1항 각 호의 구분에 따른 사유가 발생한 날부터 37일이 되는 날

[본조신설 2019. 12. 24.]

제17조(일 · 가정 양립 지원을 위한 조사 · 연구 등의 업무 위탁) ① 고용노동부장관은 법 제22조의5제2항에 따라 법 제21조 및 법 제21조의2에 따른 직장어린이집 설치 · 운영의 지원에 관한 업무와 법 제22조의5제1항에 따른 일 · 가정 양립 지원 기반 조성에 관한 업무를 다음 각 호의 어느 하나에 해당하는 기관 또는 법인에 위탁할 수 있다. 〈개정 2010. 7. 12., 2011. 12. 8., 2019. 12. 24., 2020. 11. 24.〉

    1. 「공공기관의 운영에 관한 법률」 제5조제4항제2호에 따른 준정부기관

    2. 「정부출연연구기관 등의 설립 · 운영 및 육성에 관한 법률」 제8조에 따라 설립된 연구기관

    3. 「민법」 제32조에 따라 설립된 비영리법인으로서 일 · 가정 양립 지원 등의 사업 수행을 목적으로 설립된 법인

제4장 분쟁의 예방과 해결

제18조(고충 신고 등) ① 법 제25조에 따른 고충 신고는 구두, 서면, 우편, 전화, 팩스 또는 인터넷 등의 방법으로 하여야 한다.

② 사업주는 제1항에 따라 고충 신고를 받은 경우 특별한 사유가 없으면 신고 접수일부터 10일 이내에 신고된 고충을 직접 처리하거나 「근로자참여 및 협력증진에 관한 법률」에 따라 설치된 노사협의회에 위임하여 처리하게 하고, 사업주가 직접 처리한 경우에는 처리 결과를, 노사협의회에 위임하여 처리하게 한 경우에는 위임 사실을 해당 근로자에게 알려야 한다.

③ 사업주는 고충접수·처리대장을 작성하여 갖추어 두고 관련 서류를 3년간 보존하여야 한다.

④ 제3항의 고충접수·처리대장은 전자적 처리가 불가능한 특별한 사유가 없으면 전자적 처리가 가능한 방법으로 작성하여 갖추어 두어야 하며, 같은 항에 따른 서류는 전자적인 방법으로 작성·보존할 수 있다.

제18조의2(전문위원의 수 및 자격 등) ① 법 제27조제5항에 따른 전문위원은 「노동위원회법」 제2조제1항에 따른 중앙노동위원회 또는 지방노동위원회에 둔다.

② 제1항에 따라 「노동위원회법」 제2조제1항에 따른 중앙노동위원회 또는 지방노동위원회에 두는 전문위원의 수는 10명 이내로 한다.

③ 제2항에 따른 전문위원은 다음 각 호의 어느 하나에 해당하는 사람 중에서 「노동위원회법」 제2조제1항에 따른 중앙노동위원회(이하 "중앙노동위원회"라 한다)의 위원장이 위촉하는 사람으로 한다.
  1. 법학·경영학·경제학·사회학·여성학 등 남녀고용 및 노동 관련 분야의 박사학위를 가진 사람
  2. 변호사·공인회계사 또는 공인노무사의 자격이 있는 사람

④ 제2항에 따른 전문위원의 보수에 관한 사항은 「공무원보수규정」 별표 34에 따른 일반임기제공무원의 연봉등급 기준표를 준용하여 중앙노동위원회가 따로 정한다.

[본조신설 2021. 11. 19.]

제5장 보칙

제19조(보존서류의 종류) 법 제33조에서 "대통령령으로 정하는 서류"란 다음 각 호의 서류를 말한다. 〈개정 2018. 5. 28.〉
  1. 법 제7조부터 제11조까지의 규정에 따른 모집과 채용, 임금, 임금 외의 금품 등, 교육·배치 및 승진, 정년·퇴직 및 해고에 관한 서류
  2. 법 제13조 및 법 제13조의2에 따른 직장 내 성희롱 예방 교육을 하였음을 확인할 수 있는 서류
  3. 법 제14조제5항 전단에 따른 직장 내 성희롱 행위자에 대한 징계 등 조치에 관한 서류
  4. 삭제 〈2009. 6. 19.〉
  5. 법 제18조의2에 따른 배우자 출산휴가의 청구 및 허용에 관한 서류

6. 법 제19조에 따른 육아휴직의 신청 및 허용에 관한 서류

7. 법 제19조의2 및 법 제19조의3에 따른 육아기 근로시간 단축의 신청 및 허용에 관한 서류, 허용하지 아니한 경우 그 사유의 통보 및 협의 서류, 육아기 근로시간 단축 중의 근로조건에 관한 서류

제20조 삭제 〈2014. 12. 30.〉

제21조(권한의 위임 및 위탁) ① 법 제36조에 따라 고용노동부장관은 다음 각 호의 권한을 지방고용노동관서의 장에게 위임한다. 〈개정 2010. 7. 12., 2011. 12. 8., 2016. 3. 8.〉

1. 법 제13조의2에 따른 성희롱 예방 교육기관의 지정 및 지정의 취소

2. 법 제17조에 따른 여성 고용 촉진을 위한 시설의 설치 · 운영 및 사업시행 비용의 지원

3. 법 제17조의3에 따른 시행계획의 제출 요구, 접수, 보완 요구 및 남녀 근로자 현황의 접수

4. 법 제17조의4에 따른 이행실적의 접수, 이행실적 평가 결과의 통보 및 시행계획 이행의 촉구

5. 법 제21조제3항 및 법 제21조의2에 따른 직장어린이집의 설치 · 운영에 필요한 지원 · 지도, 정보 제공 및 상담

6. 법 제23조에 따라 상담을 실시하는 민간단체에 대한 지원

7. 법 제24조에 따른 명예고용평등감독관의 위촉 및 해촉(解嘱)

8. 법 제31조에 따른 보고와 관계 서류의 제출 명령, 사업장 출입, 관계인에 대한 질문 및 관계 서류의 검사

9. 법 제39조에 따른 과태료의 부과 · 징수

② 고용노동부장관은 법 제36조에 따라 다음 각 호의 업무를 「고용정책 기본법」 제18조에 따른 한국고용정보원에 위탁한다. 〈신설 2016. 3. 8., 2021. 11. 19.〉

1. 법 제31조의2제1항에 따른 임신 · 출산 진료비의 신청과 관련된 자료 제공의 요청

2. 법 제31조의2제2항에 따른 제공받은 자료의 고용정보시스템을 통한 처리

[제목개정 2016. 3. 8.]

제21조의2(민감정보 및 고유식별정보의 처리) 고용노동부장관(제21조에 따라 고용노동부장관의 권한을 위임 · 위탁받은 자를 포함한다)은 다음 각 호의 사무를 수행하기 위하여 불가피한 경우 「개인정보 보호법」 제23조에 따른 건강에 관한 정보나 같은 법 시행령 제19조제1호 또는 제4호에 따른 주민등록번호 또는 외국인등록번호가 포함된 자료를 처리할 수 있다.

1. 법 제18조에 따른 출산전후휴가지원 제도 안내와 그 제도 시행에 필요한 지원 및 지도에 관한 사무

2. 법 제19조에 따른 육아휴직 제도 안내와 그 제도 시행에 필요한 지원 및 지도에 관한 사무

3. 법 제19조의2 및 제19조의3에 따른 육아기 근로시간 단축 제도 안내와 그 제도 시행에 필요한 지원 및 지도에 관한 사무

4. 법 제31조에 따른 명령 · 출입 · 질문 및 검사에 관한 사무

5. 법 제31조의2에 따른 자료 제공의 요청 및 제공받은 자료의 고용보험전산망을 통한 처리에 관한 사무

[본조신설 2016. 3. 8.]

[종전 제21조의2는 제21조의3으로 이동 〈2016. 3. 8.〉]

제21조의3(규제의 재검토) 고용노동부장관은 제19조에 따른 보존서류의 종류에 대하여 2020년 1월 1일을 기준으로 5년마다(매 5년이 되는 해의 1월 1일 전까지를 말한다) 그 타당성을 검토하여 개선 등의 조치를 하여야 한다. 〈개정 2016. 12. 30., 2020. 3. 3.〉

[본조신설 2014. 12. 9.]

[제21조의2에서 이동 〈2016. 3. 8.〉]

제6장 과태료

제22조(과태료의 부과기준) ① 법 제39조제1항부터 제4항까지의 규정에 따른 과태료의 부과기준은 별표와 같다. 〈개정 2021. 11. 19.〉

② 삭제 〈2018. 5. 28.〉

부칙

〈제32447호, 2022. 2. 17.〉

(국민 평생 직업능력 개발법 시행령)

제1조(시행일) 이 영은 2022년 2월 18일부터 시행한다.

제2조(다른 법령의 개정) ①부터 ㉒까지 생략

㉓ 남녀고용평등과 일·가정 양립 지원에 관한 법률 시행령 일부를 다음과 같이 개정한다. 제3조제5항 중 "근로자직업능력 개발법"을 "국민 평생 직업능력 개발법"으로 한다.

㉔부터 〈72〉까지 생략

제3조 생략

[별표]

과태료의 부과기준(제22조 관련)

1. 일반기준
   가. 위반행위(제2호서목 및 어목의 위반행위만 해당한다)의 횟수에 따른 과태료의 가중된 부과기준은 최근 2년간 같은 위반행위로 과태료 부과처분을 받은 경우에 적용한다. 이 경우 기간의 계산은 같은 위반행위에 대하여 과태료 부과처분을 받은 날과 그 처분 후 다시 같은 위반행위를 하여 적발된 날을 기준으로 한다.
   나. 가목에 따라 가중된 부과처분을 하는 경우 가중처분의 적용 차수는 그 위반행위 전 부과처분 차수(가목에 따른 기간 내에 과태료 부과 처분이 둘 이상 있었던 경우에는 높은 차수를 말한다)의 다음 차수로 한다.
   다. 부과권자는 다음의 어느 하나에 해당하는 경우에는 제2호의 개별기준에 따른 과태료의 2분의 1 범위에서 그 금액을 줄여 부과할 수 있다. 다만, 과태료를 체납하고 있는 위반행위자의 경우에는 그렇지 않다.
      1) 위반행위가 사소한 부주의나 오류로 인한 것으로 인정되는 경우
      2) 법 위반상태를 시정하거나 해소하기 위한 노력이 인정되는 경우
      3) 그 밖에 위반행위의 정도, 위반행위의 동기와 그 결과 등을 고려하여 과태료금액을 줄일 필요가 있다고 인정되는 경우
   라. 부과권자는 위반행위의 정도, 위반행위의 동기와 그 결과 등을 고려하여 제2호의 개별기준에 따른 과태료의 2분의 1 범위에서 늘려 부과할 수 있다. 다만, 늘려 부과하는 경우에도 법 제39조에 따른 과태료의 상한을 넘을 수 없다.

2. 개별기준

위반행위	근거 법조문	과태료		
		1차 위반	2차 위반	3차이상 위반
가. 사업주가 법 제12조를 위반하여 직장 내 성희롱을 한 경우	법 제39조 제2항			
1) 직장 내 성희롱과 관련하여 최근 3년 이내에 과태료처분을 받은 사실이 있는 사람이 다시 직장 내 성희롱을 한 경우		1천만원		
2) 한 사람에게 수차례 직장 내 성희롱을 하거나 2명 이상에게 직장 내 성희롱을 한 경우		500만원		
3) 그 밖의 직장 내 성희롱을 한 경우		300만원		
나. 사업주가 법 제13조제1항을 위반하여 성희롱 예방 교육을 하지 않은 경우	법 제39조 제3항 제1호의2	500만원		
다. 사업주가 법 제13조제3항을 위반하여 성희롱 예방 교육의 내용을 근로자가 자유롭게 열람할 수 있는 장소에 항상 게시하거나 갖추어 두지 않은 경우	법 제39조 제3항 제1호의3	500만원		
라. 사업주가 법 제14조제2항 전단을 위반하여 직장 내 성희롱 발생 사실 확인을 위한 조사를 하지 않은 경우	법 제39조 제3항 제1호의4	500만원		
마. 사업주가 법 제14조제4항을 위반하여 근무장소의 변경 등 적절한 조치를 하지 않은 경우	법 제39조 제3항 제1호의5	500만원		

바. 사업주가 법 제14조제5항 전단을 위반하여 징계, 근무장소의 변경 등 필요한 조치를 하지 않은 경우	법 제39조 제3항 제1호의6	500만원
사. 사업주가 법 제14조제7항을 위반하여 직장 내 성희롱 발생 사실 조사 과정에서 알게 된 비밀을 다른 사람에게 누설한 경우	법 제39조 제3항 제1호의7	500만원
아. 사업주가 법 제14조의2제1항을 위반하여 근무 장소 변경, 배치전환, 유급휴가의 명령 등 적절한 조치를 하지 않은 경우	법 제39조 제4항 제1호의2	300만원
자. 사업주가 법 제14조의2제2항을 위반하여 근로자가 고객 등에 의한 성희롱 피해를 주장하거나 고객 등으로부터의 성적 요구 등에 따르지 않았다는 이유로 해고나 그 밖의 불이익한 조치를 한 경우	법 제39조 제3항 제2호	500만원
차. 사업주가 법 제17조의3제1항을 위반하여 시행계획을 제출하지 않은 경우	법 제39조 제4항 제2호	300만원
카. 사업주가 법 제17조의3제2항을 위반하여 남녀 근로자 현황을 제출하지 않거나 거짓으로 제출한 경우	법 제39조 제4항 제3호	300만원
타. 사업주가 법 제17조의4제1항을 위반하여 이행실적을 제출하지 않거나 거짓으로 제출한 경우(법 제17조의3제3항에 따라 시행계획을 제출한 자가 이행실적을 제출하지 않는 경우는 제외한다)	법 제39조 제4항 제4호	300만원

파. 사업주가 법 제18조제4항을 위반하여 관계 서류의 작성·확인 등 모든 절차에 적극 협력하지 않은 경우	법 제39조 제4항 제5호	200만원
하. 사업주가 법 제18조의2제1항을 위반하여 근로자가 배우자의 출산을 이유로 휴가를 청구했는데도 10일의 휴가를 주지 않거나 근로자가 사용한 휴가를 유급으로 하지 않은 경우	법 제39조 제3항 제3호	500만원
거. 사업주가 법 제18조의3제1항을 위반하여 난임치료휴가를 주지 않은 경우	법 제39조제3항제3호의2	500만원
너. 사업주가 법 제19조의2제1항을 위반하여 육아기 근로시간 단축 신청을 받고 육아기 근로시간 단축을 허용하지 않은 경우	법 제39조 제3항 제6호	500만원
더. 사업주가 법 제19조의2제2항을 위반하여 육아기 근로시간 단축을 허용하지 않았으면서도 해당 근로자에게 그 사유를 서면으로 통보하지 않거나, 육아휴직의 사용 또는 그 밖의 조치를 통한 지원 여부에 관하여 해당 근로자와 협의하지 않은 경우	법 제39조 제3항 제4호	400만원
러. 사업주가 법 제19조의3제2항을 위반하여 육아기 근로시간 단축을 한 근로자의 근로조건을 서면으로 정하지 않은 경우	법 제39조 제3항 제5호	400만원

머. 사업주가 법 제22조의2제1항을 위반하여 가족돌봄휴직의 신청을 받고 가족돌봄휴직을 허용하지 않은 경우	법 제39조 제3항 제7호	500만원		
버. 사업주가 법 제22조의2제2항(같은 조 제4항제3호에 따라 기간이 연장된 경우를 포함한다)을 위반하여 가족돌봄휴가의 신청을 받고 가족돌봄휴가를 허용하지 않은 경우	법 제39조 제3항 제8호	500만원		
서. 사업주가 법 제29조의3(법 제29조의5제4항 및 제29조의6제3항에 따라 준용되는 경우를 포함한다)에 따라 확정된 시정명령을 정당한 이유 없이 이행하지 않은 경우 1) 배상을 내용으로 하는 시정명령을 이행하지 않은 경우	법 제39조 제1항	1억원의 범위에서 해당 배상 명령액		
2) 그 밖에 차별적 처우등의 중지, 임금 등 근로조건의 개선 등의 시정조치를 내용으로 하는 시정명령을 이행하지 않은 경우		500만원	1천만원	2천만원
어. 사업주가 법 제29조의4제1항(법 제29조의5제4항 및 제29조의6제3항에 따라 준용되는 경우를 포함한다)을 위반하여 정당한 이유 없이 고용노동부장관의 시정명령에 대한 이행상황의 제출요구에 따르지 않은 경우	법 제39조 제3항 제9호	200만원	400만원	500만원

저. 법 제31조제1항에 따른 보고 또는 관계 서류의 제출을 거부하거나 거짓으로 보고 또는 제출한 경우	법 제39조 제4항 제6호	200만원
처. 법 제31조제1항에 따른 검사를 거부, 방해 또는 기피한 경우	법 제39조 제4항 제7호	200만원
커. 사업주가 법 제33조를 위반하여 관계 서류를 3년간 보존하지 않은 경우	법 제39조 제4항 제8호	200만원

제2편

가사근로자

제1장

가사근로자와 가사서비스

PART Ⅰ. 가사근로자의 이해

1. 가사근로자의 개념

1-1. 가사근로자 및 입주가사근로자

① "가사근로자"란 가사서비스 제공기관의 사용자(「근로기준법」 제2조 제1 항 제2호에 따른 사용자를 말함)와 근로계약을 체결하고, 이용자에게 가 사서비스를 제공하는 사람을 말합니다(「가사근로자의 고용개선 등에 관 한 법률」 제2조 제4호).

② 가사서비스 제공기관은 고용노동부의 인증을 받아 가사서비스를 제공하 는 기관을 말합니다.

③ "입주가사근로자"란 가사근로자 중 가사서비스 제공기관과의 이용계약에 따라 가사서비스를 제공받는 사람의 가구에 입주해 가사서비스를 제공 하는 사람을 말합니다(「가사근로자의 고용개선 등에 관한 법률」 제2조 제3호·제5호).

1-2. 그 밖의 가사노동서비스 종사자

"그 밖의 가사노동서비스 종사자"란 「가사근로자의 고용개선 등에 관한 법률」 제4호에 따른 가사근로자가 아닌 사람으로서 「직업안정법」에 따른 직업소개 및 가사노동서비스 관련 온라인 플랫폼 등을 통한 직업소개 등에 따라 가사노동서비스를 제공하고 그 대가로 수입을 얻는 사람을 말합니다 (「서울특별시 가사노동자의 고용개선 및 지원에 관한 조례」 제2조 제4호).

서울특별시 가사노동자의 고용개선 및 지원에 관한 조례

[시행 2023. 5. 22.] [서울특별시조례 제8752호, 2023. 5. 22., 타법개정]

제1조(목적) 이 조례는 가사노동자의 고용개선 및 지원에 관한 사항을 규정함으로써 가사서비스와 관련하여 양질의 일자리를 창출하고 가사노동자의 고용안정 및 노동조건 향상과 가사서비스의 활성화에 기여함을 목적으로 한다.

제2조(정의) 이 조례에서 사용하는 용어의 뜻은 다음과 같다. 〈개정 2022.12.30〉

1. "가사서비스"란 「가사근로자의 고용개선 등에 관한 법률」(이하 "법"이라 한다) 제2조제1호에 따라 가정 내에서 이루어지는 청소, 세탁, 주방일과 가구 구성원의 보호·양육 등 가정생활의 유지 및 관리에 필요한 업무를 수행하는 것을 말한다.
2. "가사서비스 제공기관"이란 법 제7조에 따른 인증을 받고 법에 따라 가사서비스를 제공하는 기관을 말한다.
3. "가사노동자"란 가사서비스 제공기관의 사용자(「근로기준법」 제2조제1항제2호에 따른 사용자를 말한다)와 노동계약을 체결하고 법 제2조제3호에 따른 가사서비스 이용자에게 가사서비스를 제공하는 사람을 말한다.
4. "그 밖의 가사노동서비스 종사자"란 제3호에 따른 가사노동자가 아닌 사람으로서 「직업안정법」에 따른 직업소개 및 가사노동서비스 관련 온라인 플랫폼 등을 통한 직업소개 등에 따라 가사노동서비스를 제공하고 그 대가로 수입을 얻는 사람을 말한다.

제3조(적용대상) 이 조례는 서울특별시에 거주하거나 서울특별시에서 가사서비스를 제공하는 가사노동자를 대상으로 한다.

제4조(시장의 책무) ① 서울특별시장(이하 "시장"이라 한다)은 가사노동자의 고용안정, 권익 향상, 일자리 창출 등을 위하여 노력하여야 한다.

② 시장은 가사노동자의 노동조건 향상 및 건전한 가사서비스 시장의 조성을 위하여 노력하여야 한다.

제5조(다른 조례와의 관계) 가사노동자의 고용개선 및 지원에 관하여 다른 조례에 우선한다.

제6조(기본계획) ① 시장은 가사노동자의 고용개선 및 지원을 위하여 다음 각 호의 사항을 포함하는 기본계획을 3년마다 수립·시행하여야 한다. 〈개정 2023.5.22〉

1. 가사노동자의 고용개선 및 지원 정책의 목표 및 방향
2. 가사노동자의 고용개선 및 지원 정책의 부문별 추진전략
3. 가사노동자의 지원에 필요한 재원 조달 방안
4. 그 밖에 시장이 필요하다고 인정하는 사항

② 시장은 제1항의 기본계획을 「서울특별시 노동 기본 조례」 제7조에 따른 노동기본계획에 포함하여 수립할 수 있다.

제7조(시행계획) ① 시장은 기본계획에 따라 매년 가사노동자의 고용 개선 및 지원을 위한 시행계획을 수립·시행하여야 한다.

② 시장은 시행계획의 추진 실적을 점검·평가하고 다음연도 시행계획에 반영하여야 한다.

제8조(실태조사) ① 시장은 제6조에 따른 기본계획의 수립 등 을 위하여 필요한 경우에는 서울특별시 가사노동자 및 그 밖의 가사노동서비스 종사자의 고용조건 및 노동환경 등에 대한 실태조사를 실시할 수 있다. *〈개정 2022.12.30〉*

② 시장은 제1항에 따른 실태조사를 위하여 전문기관에 위탁할 수 있으며 이 경우 예산의 범위 내에서 필요한 경비를 지원할 수 있다.

제9조(지원사업 등) ① 시장은 가사노동자의 고용개선 및 건전한 가사서비스 시장의 조성을 위하여 다음 각 호의 사업을 실시할 수 있다.

　　1. 가사서비스 제공기관의 운영 등에 필요한 자문 및 정보 제공
　　2. 가사노동자의 전문성 향상을 위한 교육·훈련 지원
　　3. 가사노동자에 대한 고충처리, 상담 등 권익증진을 위하여 필요한 사항
　　4. 그 밖에 시장이 필요하다고 인정하는 사업

② 시장은 제1항의 사업을 위하여 필요한 경우에는 예산의 범위 내에서 행정적·재정적 지원을 할 수 있다.

③ 시장은 제1항의 사업을 추진함에 있어서 전문기관에 위탁할 수 있다.

제10조(가사노동자지원센터의 설치 및 기능) ① 시장은 가사노동자의 권익 보호 및 증진을 위하여 서울특별시 가사노동자지원센터(이하 "센터"라 한다)를 설치할 수 있다.

② 센터는 다음 각 호의 기능을 수행한다.

　　1. 가사노동 실태조사 및 정책 연구·개발
　　2. 가사노동자의 권익을 위한 법률 및 교육 지원
　　3. 가사노동 인식 개선 및 홍보활동
　　4. 가사노동자의 노동조건 개선 지원
　　5. 가사노동 안전·보건 및 산업재해 예방사업
　　6. 노동권익 관련 기관·단체 등과의 협력체계 구축 사업
　　7. 그 밖에 가사노동자의 권익 보호 및 증진을 위하여 시장이 필요하다고 인정하는 사업

③ 시장은 「서울특별시 행정사무의 민간위탁에 관한 조례」에 따라 센터를 관련 단체나 법인에 위탁하여 운영할 수 있다. 이 경우 센터 운영 경비의 전부 또는 일부를 예산의 범위에서 지원할 수 있다.

제11조(지방세의 감면) 시장은 제2조제2호에 따른 가사서비스 제공기관과 법 제2조제3호에 따른 가사서비스 이용자에 대하여 「지방세특례제한법」 및 그 밖의 조세 관계 법률 또는 조례에서 정하는 바에 따라 지방세를 감면할 수 있다.

제12조(위원회의 설치) ① 시장은 가사노동자에 관한 다음 각 호의 사항을 심의·자문하기 위하여 서울특별시 가사노동자의 고용개선 및 지원 위원회(이하 "위원회"라 한다)를 설치할 수 있다. 〈개정 2022.12.30〉

    1. 제6조 및 제7조에 따른 계획의 수립에 관한 사항

    2. 제8조에 따른 실태조사에 관한 사항

    3. 제9조에 따른 지원사업의 추진에 관한 사항

    4. 그 밖에 위원장이 필요하다고 인정하여 회의에 부치는 사항

② 시장은「서울특별시 노동 기본 조례」에 따른 서울특별시 노동자권익보호위원회에 가사노동자 관련 소위원회가 설치된 경우 제1항에 따른 위원회의 기능을 대신하게 할 수 있다.

제13조(위원회의 구성) ① 위원회는 위원장과 부위원장 각 1명을 포함한 10명 이내의 위원으로 구성한다. 〈개정 2023.5.22〉

② 위원장과 부위원장은 위원 중에서 호선한다.

③ 당연직 위원은 가사노동자의 고용개선 및 지원에 관한 업무를 담당하는 부서의 장으로 하고, 위촉직 위원은 가사노동자의 고용개선 및 지원 분야에 관한 지식과 경험이 풍부한 사람 중에서 시장이 위촉한다. 다만, 특정 성별이 위촉직 위원 수의 10분의 6을 초과하지 아니하도록 하여야 한다.

④ 위촉직 위원의 임기는 2년으로 하고, 한 차례만 연임할 수 있다.

⑤ 위원회 업무의 원활한 추진을 위하여 간사 1명을 둔다.

제14조(위원회의 운영) ① 위원장은 위원회를 대표하고, 업무를 총괄한다.

② 위원장이 부득이한 사유로 직무를 수행할 수 없는 때에는 부위원장이 위원장의 직무를 대행한다.

③ 위원회의 회의는 위원장이 소집하고, 정기회의는 연 1회, 임시회의는 필요한 경우 개최한다.

④ 위원회의 회의는 재적위원의 과반수 출석으로 개의하고, 출석위원의 과반수 찬성으로 의결한다.

⑤ 위원회의 구성 및 운영에 관하여 이 조례에서 정하지 않은 사항은「서울특별시 각종 위원회의 설치·운영에 관한 조례」를 준용한다.

제15조(협력체계) 시장은 효율적이고 체계적인 가사노동자의 고용개선 및 지원을 위하여 중앙행정기관 및 지방자치단체, 관련 기관·단체 등과 협력체계를 구축할 수 있다.

제16조(시행규칙) 이 조례의 시행에 필요한 사항은 규칙으로 정한다.

부칙
(서울특별시 노동 기본 조례)
〈제8752호, 2023.5.22〉

제1조(시행일) 이 조례는 공포일로부터 시행한다.

제2조 및 제3조 생략

제4조(다른 조례의 개정) ① 서울특별시 가사노동자의 고용개선 및 지원에 관한 조례 일부를 다음과 같이 개정한다.
제6조제1항 각 호 외의 부분 중 "5년"을 "3년"으로 한다.
제13조제1항 중 "15명"을 "10명"으로 한다.
② 생략

1-3. 혼재되어 있는 '가사근로자' 용례

① 가사근로를 제공하는 노무제공자의 범주에는 가사근로자, 가사노동자, 가사사용인, 가사도우미, 플랫폼 가사노동자, 가정관리사, 홈 매니저 등이 있습니다.

② 가사근로자: 「가사근로자의 고용개선 등에 관한 법률」의 제정으로 해당 법의 적용을 받는 사람을 의미합니다.

③ 가사노동자: ILO의 「가사노동자를 위한 양질의 일자리 협약」(제189호 협약)에서 사용된 'Domestic worker'를 가사노동자로 번역하면서 사용하고 있습니다.

④ 가사(家事)사용인: 「근로기준법」 제11조, 「최저임금법」 제3조 제1항, 「기간제 및 단시간근로자 보호 등에 관한 법률」 제3조 제1항 및 「남녀고용평등과 일·가정 양립 지원에 관한 법률 시행령」 제2조 제1항에서 해당 법령의 적용이 배제되는 노무제공자를 지칭하고 있습니다.

⑤ 가사도우미: 고용노동부에서 워크넷(www.work.go.kr)을 통해 제공하는 '한국직업정보'에선 해당 용어를 사용하고 있습니다[워크넷 (www.work.go.kr)]홈페이지-직업·진로-직업정보

⑥ 플랫폼 가사노동자: 가사노동서비스 관련 온라인 플랫폼 등을 통한 직업소개 등에 따라 가사노동서비스를 제공하고 그 대가로 수입을 얻는 사람을 의미합니다(「서울특별시 가사노동자의 고용개선 및 지원에 관한 조례」 제2조 제4호 참조).

⑦ 그 밖에도 가정관리사, 홈 매니저 등이 혼재되어 사용되고 있습니다.

2. 근로 관계 법령의 적용

2-1. 가사(家事)사용인 및 가구 내 고용활동과의 구별

① 가사근로자의 근로관계에 대해서는 「근로기준법」, 「남녀고용평등과 일·가정 양립 지원에 관한 법률」, 「최저임금법」, 「근로자퇴직급여 보장법」 등 근로관계 법령이 적용되는데 비하여, 가사(家事)사용인의 근로관계에 대해서는 적용되지 않습니다.

② 「가사근로자의 고용개선 등에 관한 법률」의 적용을 받는 가사근로자는 「근로기준법」, 「남녀고용평등과 일·가정 양립 지원에 관한 법률」, 「최저임금법」 등 근로 관계 법령의 적용이 제외되는 가사(家事)사용인으로 보지 않습니다(「가사근로자의 고용개선 등에 관한 법률」 제6조 제1항).

③ 「가사근로자의 고용개선 등에 관한 법률」의 적용을 받는 가사근로자가 행하는 가사서비스는 「근로자퇴직급여 보장법」 등 근로 관계 법령의 적용이 제외되는 가구 내 고용활동으로 보지 않습니다(「가사근로자의 고용개선 등에 관한 법률」 제6조 제1항).

2-2. 「근로기준법」 및 「가사근로자의 고용개선 등에 관한 법률」의 적용

① 가사근로자의 근로 관계에 관하여는 「근로기준법」 제17조(근로조건의 명시), 제54조(휴게, 입주가사근로자는 제외), 제55조(휴일) 및 제60조 제1항·제2항·제4항·제5항(연차 유급휴가) 조항이 적용되지 않습니다(「가사근로자의 고용개선 등에 관한 법률」 제6조 제2항).

② 입주가사근로자의 근로 관계에 관하여는 「근로기준법」 제50조(근로시간) 및 제53조(연장 근로의 제한) 조항이 적용되지 않습니다(「가사근로자의 고용개선 등에 관한 법률」 제6조 제2항).

③ 「근로기준법」이 적용되지 않은 조항에 대해서는 「가사근로자의 고용개선 등에 관한 법률」의 관련 조항이 적용됩니다(고용노동부, 『가사근로자법

매뉴얼』(2022. 6.), 3쪽).

④ 가사근로자에게 달리 적용되는 「근로기준법」 및 「가사근로자의 고용개선 등에 관한 법률」 조항을 정리하면 다음과 같습니다.

「근로기준법」상 근로자	가사근로자	
	「근로기준법」 적용 여부	「가사근로자의 고용개선 등에 관한 법률」적용
근로조건의 명시 (「근로기준법」 제17조)	X	근로조건의 명시 (「가사근로자의 고용개선 등에 관한 법률」제14조)
휴게 (「근로기준법」 제54조)	입주가사근로자 O 그 외 가사근로자 X	–
휴일 (「근로기준법」 제55조)	X	유급휴일 및 연차 유급휴가 (「가사근로자의 고용개선 등에 관한 법률」제16조)
연차 유급휴가 (「근로기준법」 제60조제1항부터 제5항까지)	X	
근로시간 (「근로기준법」 제50조)	입주가사근로자 X 그 외 가사근로자 O	최소근로시간 (「가사근로자의 고용개선 등에 관한 법률」제15조), 입주가사근로자에 관한 특례 (「가사근로자의 고용개선 등에 관한 법률」제17조)
연장 근로의 제한 (「근로기준법」 제53조)	입주가사근로자 X 그 외 가사근로자 O	–

2-3. 『가사근로자』에서 제공하는 법령정보의 범위

이 가사근로자에서 제공하는 법령정보의 범위는 가사근로자의 권리를 보장하기 위해 제정된 「가사근로자의 고용개선 등에 관한 법률」의 주요 내용을 바탕으로 가사근로자에 한정하여 법령정보를 제공합니다.

3. 가사근로자 결격사유

3-1. 가사근로자 근로 시 필요조건

가사근로자가 되기 위한 특별한 자격, 학력 및 나이 등은 없습니다.

■ 국내 체류 외국인을 가사근로자로 고용할 수 있나요?

Q. 국내 체류 외국인을 가사근로자로 고용할 수 있나요?

A. 국내 체류 외국인 중 거주(F-2), 재외동포(F-4), 영주(F-5), 결혼이민(F-6) 체류자격을 가진 외국인은 가사근로자로 취업할 수 있고, 가사서비스 제공기관도 별도의 신고나 고용허가 등의 절차 없이 해당 체류자격 외국인을 가사근로자로 고용할 수 있습니다.

가사서비스 제공기관이 고용알선 및 인력공급업에 해당하는 경우 특례고용가능확인을 받아 H-2(방문취업)체류자격을 가진 외국인을 고용할 수 있습니다(규제「외국인근로자의 고용 등에 관한 법률」제12조제1항 참조).

가사근로자 제공기관은 외국인과 근로계약을 맺는 경우에도 근로계약서를 작성하고 최저임금 이상의 임금을 지급하는 등 「가사근로자의 고용개선 등에 관한 법률」 및 「근로기준법」 등 노동관계법을 준수해야 합니다.

3-2. 아동 돌봄 가사근로자의 결격사유

3-2-1. 아동의 보호·양육 서비스 제공 가사근로자의 결격사유

다음 어느 하나에 해당하는 가사근로자는 만 12세 이하 아동의 보호·양육 서비스를 제공할 수 없습니다(「가사근로자의 고용개선 등에 관한 법률」 제12조).

1. 미성년자·피성년후견인 또는 피한정후견인

2. 정신질환자

3. 마약·대마 또는 향정신성의약품 중독자

4. 금고 이상의 실형을 선고받고 그 집행이 끝나거나(집행이 끝난 것으로 보는 경우를 포함) 면제된 날부터 3년이 지나지 아니한 사람

5. 금고 이상의 형의 집행유예를 선고받고 그 유예기간 중에 있는 사람

6. 「아동복지법」 제17조 위반에 따른 같은 법 제71조 제1항의 죄, 「성폭력범죄의 처벌 등에 관한 특례법」 제2조에 따른 성폭력범죄 또는 「아동·청소년의 성보호에 관한 법률」 제2조제2호에 따른 아동·청소년대상 성범죄를 범하여 형 또는 치료감호를 선고받고 그 형 또는 치료감호의 전부 또는 일부의 집행이 끝나거나 유예·면제된 날부터 10년이 지나지 아니한 사람

7. 「아동복지법」 제3조 제7호의2에 따른 아동학대관련범죄로 금고 이상의 실형을 선고받고 그 집행이 종료되거나 면제된 날부터 20년이 지나지 아니한 사람

8. 위 7.과 같은 범죄로 금고 이상의 형의 집행유예를 선고받고 그 집행유예가 확정된 날부터 20년이 지나지 아니한 사람

9. 위 7.과 같은 범죄로 벌금형을 선고받고 그 형이 확정된 날부터 10년이 지나지 아니한 사람

3-2-2. 결격사유 확인 방법

① 가사서비스 제공기관은 만 12세 이하 아동의 보호·양육 서비스를 제공할 가사근로자에게 미성년자·피성년후견인 또는 피한정후견인, 정신질환자, 마약·대마 또는 향정신성의약품 중독자에 해당하는지 여부를 다음과 같은 방법으로 확인할 수 있습니다.

- 미성년자: 신분증 등 연령을 증빙할 수 있는 서류를 제출

- 피성년후견인 또는 피한정후견인: 후견등기사항부존재증명서 제출

※ 후견등기사항부존재증명서는 인터넷 전자후견등기시스템(egdrs.scourt.go.kr)에서 발급받으실 수 있습니다.

- 정신질환자, 마약·대마 또는 향정신성의약품 중독자: 채용신체검사서를 제출

※ 전염성질환 및 정신질환, 인지기능 등에 대한 검사를 포함하고 있는 채용신체검사서로 확인이 가능하며, 아동의 돌봄·보호 가사근로자가 되려는 사람은 이러한 신체검사서 발급이 가능한지 검진기관에 미리 확인하고 방문하면 됩니다.

② 가사서비스 제공기관은 만 12세 이하 아동의 보호·양육 서비스를 제공할 가사근로자의 본인의 동의를 받아 결격사유에 해당하는 범죄경력이 있는지 여부를 확인하기 위해 해당 소재지를 관할하는 시·도경찰청장 또는 경찰서장에게 「형의 실효 등에 관한 법률」 제6조에 따른 범죄경력조회를 요청해야 합니다(「가사근로자의 고용개선 등에 관한 법률」 제13조 제1항 본문 참조).

③ 범죄경력조회를 요청하려면 범죄경력조회 요청서에 가사서비스 제공기관 인증서 사본과 범죄경력조회 대상자의 동의서를 첨부하여 제출해야 합니다(「가사근로자의 고용개선 등에 관한 법률 시행령」 제3조 제1항, 「가사근로자의 고용개선 등에 관한 법률 시행규칙」 제7조 제1항, 별지 제10호서식 및 별지 제11호서식).

④ 가사근로자 본인이 범죄경력조회를 요청하려면 범죄경력조회 요청서(본인)에 본인의 신분을 증명하는 서류(신분증 등)와 가사서비스 제공기관의 인증서 사본을 첨부하여 시·도경찰청장 또는 경찰서장에게 제출해야 합니다(「가사근로자의 고용개선 등에 관한 법률 시행령」 제3조 제2항,

「가사근로자의 고용개선 등에 관한 법률 시행규칙」 제7조 제2항 및 별지 제12호서식).

⑤ 가사근로자가 범죄경력조회 회신서를 가사서비스 제공기관에게 직접 제출한 경우에는 범죄경력조회를 한 것으로 보아 가사서비스 제공기관은 따로 조회 요청할 필요가 없습니다(「가사근로자의 고용개선 등에 관한 법률」 제13조 제1항 단서)

3-2-3. 위반 시 제재

결격사유가 있는 가사근로자에게 만 12세 이하 아동의 보호·양육 서비스를 제공하게 하는 경우 가사서비스 제공기관은 시정명령을 받을 수 있으며, 500만원 이하의 과태료를 부과 받습니다(「가사근로자의 고용개선 등에 관한 법률」 제23조 제1항 제6호 및 제28조 제1항 제3호).

■ 가사근로자가 되려면 특별한 자격요건이 필요한가요?

Q. 가사근로자가 되려면 특별한 자격요건이 필요한가요?

A. 아닙니다. 가사근로자가 되기 위한 특별한 자격, 학력 및 나이 등 제한은 없습니다. 다만 만 12세 이하 아동의 보호·양육 서비스를 제공하는 가사근로자가 되려면 일정한 결격사유가 있습니다.

◇ 아동 돌봄 가사근로자의 결격사유

다음 어느 하나에 해당하는 가사근로자는 만 12세 이하 아동의 보호·양육 서비스를 제공할 수 없습니다.

- 미성년자·피성년후견인 또는 피한정후견인

- 정신질환자

-· 마약·대마 또는 향정신성의약품 중독자

- 금고 이상의 실형을 선고받고 그 집행이 끝나거나(집행이 끝난 것으로 보는 경우를 포함) 면제된 날부터 3년이 지나지 아니한 사람

- 금고 이상의 형의 집행유예를 선고받고 그 유예기간 중에 있는 사람

- 「아동복지법」 제17조 위반에 따른 같은 법 제71조제1항의 죄, 「성폭력범죄의 처벌 등에 관한 특례법」 제2조에 따른 성폭력범죄 또는 「아동·청소년의 성보호에 관한 법률」 제2조 제2호에 따른 아동·청소년대상 성범죄를 범하여 형 또는 치료감호를 선고받고 그 형 또는 치료감호의 전부 또는 일부의 집행이 끝나거나 유예·면제된 날부터 10년이 지나지 아니한 사람

- 「아동복지법」 제3조 제7호의2에 따른 아동학대 관련 범죄로 금고 이상의 실형을 선고받고 그 집행이 종료되거나 면제된 날부터 20년이 지나지 아니한 사람

- 위와 같은 범죄로 금고 이상의 형의 집행유예를 선고받고 그 집행유예가 확정된 날부터 20년이 지나지 아니한 사람 또는 벌금형을 선고받고 그 형이 확정된 날부터 10년이 지나지 아니한 사람

PART II. 가사서비스의 이용 등

1. 가사서비스의 개념 및 계약관계

"가사서비스"란 가정 내에서 이루어지는 청소, 세탁, 주방일과 가구 구성원의 보호·양육 등 가정생활의 유지 및 관리에 필요한 업무를 수행하는 것을 말합니다(「가사근로자의 고용개선 등에 관한 법률」 제2조 제1호).

구분	세부내용
'가정 내'에서 이루어질 것	1) 서비스 제공이 이루어지는 장소가 이용자 '가정내' 이어야 하므로, 세탁업체가 제공하는 세탁 서비스, 노인요양시설·어린이집 등 이용자 가정이 아닌 장소에서 제공되는 가구 구성원 돌봄 서비스 등은 가사서비스에 해당한다고 보기 어려움 2) 다만, 업무수행이 가정 밖에서 다소 이루어진다고 하더라도, 가정 내 가사서비스 제공과 연계된 경우는 가사서비스에 해당함 ※ 가사서비스로 인정할 수 있는 사례: 아이돌봄 과정에서 어린이집(또는 유치원) 등·하원을 위해 가정 밖에서 업무를 수행하는 경우, 가정 내의 주방일을 위한 장보기 업무를 가정 밖에서 수행하는 경우 등
청소, 세탁, 주방일과 가구 구성원의 보호·양육 등 가정생활의 유지 및 관리에 필요한 업무일 것	1) 가구 구성원의 보호·양육은 자녀 양육, 노인 돌봄, 환자 간병, 장애인 지원, 산모·신생아 돌봄 등을 의미 2) 가정생활의 유지 및 관리는 폭넓게 볼 수 있으므로 집안 정리 정돈, 소독(세균제거 등), 해충 방역, 가정 내부의 수리, 내부 리모델링, 인테리어, 반려동물 돌봄 등도 가사서비스에 포함된다고 볼 수 있음

2. 「가사근로자의 고용개선 등에 관한 법률」에 따른 계약관계

① 기존의 가사서비스 시장은 대부분 직업소개소나 사인을 매개로 한 비공식 영역에 머물러 있었고, 직업소개기관(알선업체)을 매개로 할 경우 근로자와 이용자가 기관에 일정 수수료를 지불하고 서로 간 계약을 체결하는 사인(私人) 간의 계약이었습니다(고용노동부, 『가사근로자법 매뉴얼』(2022. 6.), 1쪽 참조).

② 「가사근로자의 고용개선 등에 관한 법률」에 따른 계약관계는 정부가 인증한 가사서비스 제공기관이 가사근로자를 직접 고용하고, 가사서비스 이용자와 이용계약을 체결하여 가사근로자로 하여금 관련 서비스를 제공하게 됩니다(고용노동부, 『가사근로자법 매뉴얼』, 1쪽).

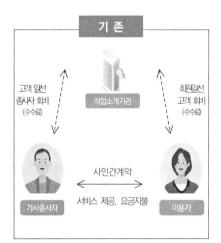
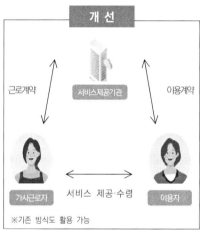

3. 가사서비스 이용계약의 당사자

3-1. 가사서비스 제공기관

① "가사서비스 제공기관"이란 「가사근로자의 고용개선 등에 관한 법률」 제7조에 따른 인증을 받고 같은 법에 따라 가사서비스를 제공하는 기관을 말합니다(「가사근로자의 고용개선 등에 관한 법률」 제2조 제2호).

② 가사서비스 제공기관의 사용자는 가사서비스 제공기관의 사업주 또는 사업 경영 담당자, 그 밖에 근로자에 관한 사항에 대하여 사업주를 위하여 행위하는 자를 의미합니다(「근로기준법」 제2조 제2호).

3-2. 가사서비스 제공기관 인증요건

① 가사서비스 제공기관을 운영하려는 자는 다음의 요건을 모두 갖추어 고용노동부장관에게 인증을 받아야 합니다(「가사근로자의 고용개선 등에 관한 법률」 제7조 제1항 및 「가사근로자의 고용개선 등에 관한 법률 시행령」 제2조).

  1. 「민법」, 「상법」 또는 그 밖의 법률에 따라 설립된 법인일 것

  2. 고용 인원 등 다음의 기준에 따라 가사근로자를 유급 근로자로 고용(고용하려는 경우를 포함)하여 가사서비스를 제공하는 영업활동을 할 것

  - 가사근로자를 5명 이상 상시 고용하고 있거나 고용할 예정일 것

  - 가사근로자(해당 법률에 따른 가입 대상이 아닌 가사근로자는 제외함)에 대한 4대 보험(고용보험, 산업재해보상보험, 국민건강보험 및 국민연금)에 모두 가입할 것

  - 가사근로자에게 「최저임금법」 제5조에 따른 최저임금액 이상의 임금을 지급할 것

  3. 가사근로자가 가사서비스를 제공하는 과정에서 안전사고 등으로 인하여 발생할 수 있는 인적·물적 손해에 대한 배상수단을 갖추고 있을 것

  4. 「근로자참여 및 협력증진에 관한 법률」 제26조에 따라 고충처리위원을

두는 경우를 포함하여 가사근로자가 불편사항이나 고충 등의 처리를 요청할 수 있는 수단을 갖추고 있을 것

5. 대표자 외에 관리인력을 1명 이상 둘 것(다만, 가사근로자가 50명 미만인 경우로서 대표자가 관리업무를 겸하는 경우에는 관리인력을 따로 두지 않을 수 있음)

6. 5천만원 이상의 자본금을 갖출 것(다만, 비영리법인은 그렇지 않음)

7. 가사서비스 제공기관 운영을 위한 전용면적 10제곱미터 이상의 사무실을 갖출 것(다만, 「직업안정법」에 따른 유료직업 소개사업을 하고 있는 경우로서 해당 법령에 따른 사무실 요건을 갖춘 경우에는 사무실 요건을 갖춘 것으로 봄)

8. 「직업안정법」 등 다른 법률에 따라 가사서비스를 제공하고 있는 경우에는 가사서비스 제공기관으로서의 가사서비스 제공을 구분하여 운영할 것

■ **직업소개소와 겸업을 하면서 가사근로자법 인증을 받을 수 있나요?**

Q. 직업소개소를 운영하고 있습니다. 직업소개소와 겸업을 하면서 가사근로자법 인증을 받을 수 있나요?

A. 네. 「가사근로자의 고용개선 등에 관한 법률」 인증을 받은 업체는 직업소개소업을 겸업할 수 있습니다. 다만 이용자가 이를 알 수 있도록 서비스 제공 시, 직접고용된 가사서비스를 이용하고 있음을 충분히 알 수 있도록 사전에 반드시 고지하셔야 합니다.

■ **겸업할 경우 부문 간 반드시 별도의 상호를 사용하는 방식으로 구분해야 하나요?**

Q. 직업소개사업과 직접 고용 가사서비스를 겸업할 경우 부문 간 반드시 별도의 상호를 사용하는 방식으로 구분해야 하나요?

A. 아니요. 이용자가 혼동할 우려가 있으므로 운영 방식을 명확하게 확인·구분할 수 있도록, 기존 상호 내에서 서비스 명칭으로 구분하거나, 이용자가 가사서비스 제공 신청 시 직접 고용 방식을 구분하여 신청할 수 있도록 한다면 구분하여 운영하는 것으로 볼 수 있습니다.

3-3. 가사서비스 이용자

① "가사서비스 이용자"란 가사서비스 제공기관과의 이용계약에 따라 가사서비스를 제공받는 사람을 말합니다(「가사근로자의 고용개선 등에 관한 법률」 제2조 제3호).

② 가사서비스를 제공받는 이용자·이용자 가족은 가사근로자의 자유의사에 반하는 근로를 강요해서는 안 되며 가사근로자에게 휴게시간을 주는 등 적절한 근로환경을 제공하도록 노력해야 합니다(「가사근로자의 고용개선 등에 관한 법률」 제4조제1항 참조).

제2장

가사근로자의
근로계약 체결

1. 구직과 근로계약체결

1-1. 구직 및 상담·지원 센터

1-1-1. 가사근로자의 구직경로

① 정부가 인증한 가사서비스 제공기관과 근로계약을 체결하여 근로자로서 권리를 보장받고, 가사서비스 제공기관과 이용자가 체결한 이용계약에 따라 맞춤형 서비스를 제공하여 차별화된 전문성을 갖출 수 있습니다.

② 가사근로자는 다음의 사이트를 통해 무료로 구직정보를 얻을 수 있습니다.
- 고용노동부 워크넷: www.work.go.kr
- 직업훈련 포털 HRD-Net: www.hrd.go.kr

※ 정부인증 가사서비스 제공기관은 가사랑(www.work.go.kr/gsrnMain.do) 누리집에서 확인할 수 있습니다.

1-1-2. 가사서비스 종합지원센터

① 가사서비스 종합지원센터에서는 가사근로자의 각종 고충 사항, 법률문제 등에 대한 상담과 함께 고품질 가사서비스를 제공하기 위한 직무교육도 실시합니다.

② 가사서비스 분야 종사자라면 다음의 가사서비스 종합지원센터를 통해 편리하게 상담받을 수 있습니다.
- 한국가사노동자협회: www.kohwa.or.kr, ☎02-6277-2955, 서울 영등포구 소재
- 전국고용서비스협회: www.knesa.org, ☎02-2231-4732, 서울 금천구 소재

1-2. 구직 시 유의사항

1-2-1. 고용노동부 인증 가사서비스 제공기관 이용

① 인증받은 가사서비스 제공기관의 공개사항은 다음과 같습니다(「가사근로
자의 고용개선 등에 관한 법률」 제9조 제1항, 「가사근로자의 고용개선
등에 관한 법률 시행규칙」 제4조 제1항).
- 「가사근로자의 고용개선 등에 관한 법률」 제7조에 따라 인증받은 사실
- 제공하는 가사서비스의 종류 및 내용
- 가사서비스 이용요금 산정기준
- 가사서비스 이용절차(계약 및 해지 절차 포함)
- 가사서비스 제공 가능 지역
- 가사서비스 이용 중 발생하는 불편사항의 신고 및 처리 절차에 관한 사항
- 손해배상수단 및 최대 배상 한도
- 다른 법률에 따른 가사서비스 제공과의 겸업 여부

② 가사서비스 제공기관은 위와 같은 내용을 전자시스템이나 가사서비스 제
공기관의 인터넷 홈페이지에 게시하여 공개하고 있습니다. 이를 확인하
여 본인이 희망하는 근무조건에 적합한 제공기관을 찾으면 됩니다(「가사
근로자의 고용개선 등에 관한 법률」 제9조 제1항 및 「가사근로자의 고
용개선 등에 관한 법률 시행규칙」 제4조 제1항 참조).
※ 엠블럼을 확인하여 「가사근로자의 고용개선 등에 관한 법률」에 따라 인증받은 가사서
비스 제공기관인지 구분하세요.

※ 가사서비스 제공기관 검색 및 공개사항 확인은 가사랑 홈페이지에서 할 수 있습니다.
(www.work.go.kr/gsrnMain.do)

2. 근로계약서 작성

2-1. 근로계약의 체결

가사근로자와 가사서비스 제공기관의 사용자(「근로기준법」 제2조 제1항 제2호에 따른 사용자를 말함) 사이에 체결되는 계약을 말하며, 가사근로자는 일하기 전에 반드시 근로계약을 체결해야 합니다(「근로기준법」 제2조 제1항 제4호 참조).

2-2. 근로조건의 기준 및 결정

① 「근로기준법」에서 정하는 근로조건은 최저기준이므로 가사서비스 제공기관의 사용자는 가사근로자의 근로조건을 낮출 수 없습니다(「근로기준법」 제3조).

② 근로조건은 가사근로자와 가사서비스 제공기관의 사용자가 동등한 지위에서 자유의사에 따라 결정해야 합니다(「근로기준법」 제4조).

2-3. 근로계약의 일부무효

① 근로조건과 관련하여 「가사근로자의 고용개선 등에 관한 법률」에서 「근로기준법」의 기준과 다른 기준을 정하고 있는 경우 「가사근로자의 고용개선 등에 관한 법률」에서 정하는 근로조건의 기준에 미치지 못하는 근로계약은 그 부분에 한해 무효로 합니다(「가사근로자의 고용개선 등에 관한 법률」 제14조 제3항).

② 무효로 된 부분은 「가사근로자의 고용개선 등에 관한 법률」에서 정한 기준에 따릅니다(「가사근로자의 고용개선 등에 관한 법률」 제14조 제4항).

③ 이외에 「근로기준법」의 기준과 다른 기준을 정하고 있지 않은 경우, 「근로기준법」 기준에 미치지 못하는 근로조건을 정한 근로계약은 그 부분에 한하여 무효로 하며, 무효로 된 부분은 「근로기준법」에서 정한 기준에 따릅니다.

3. 근로계약서 작성

3-1. 근로계약서의 필수 명시 사항

① 가사근로자는 「근로기준법」 제17조의 적용을 받지 않고, 「가사근로자의 고용개선 등에 관한 법률」 제14조의 적용을 받습니다.

관련조문	가사근로자	
	「근로기준법」 적용 여부	「가사근로자의 고용개선 등에 관한 법률」적용
「근로기준법」 제17조 근로조건의 명시	X	「가사근로자의 고용개선 등에 관한 법률」제14조 근로조건의 명시

② 가사서비스 제공기관의 사용자는 가사근로자와 근로계약을 체결할 때에 다음의 사항을 명시해야 합니다. 근로계약 체결 후 이를 변경하는 경우에도 같습니다(「가사근로자의 고용개선 등에 관한 법률」 제14조 제1항 및 「가사근로자의 고용개선 등에 관한 법률 시행령」 제4조).
- 임금(구성항목, 계산방법, 지급방법을 포함)
- 최소근로시간
- 유급휴일 및 연차 유급휴가
- 가사근로자가 제공하는 가사서비스의 종류와 내용
- 가사서비스 제공 가능 요일 또는 날짜
- 가사서비스 제공 가능 시간대
- 가사서비스 제공 가능 지역

③ 가사서비스 제공기관의 사용자는 위의 사항이 명시된 서면을 가사근로자에게 교부해야 합니다(「가사근로자의 고용개선 등에 관한 법률」 제14조 제2항 본문).

④ 서면은 「전자문서 및 전자거래 기본법」 제2조 제1호에 따른 전자문서를 포함합니다(「가사근로자의 고용개선 등에 관한 법률」 제11조 제1항).

⑤ 근로계약 체결 시 근로계약서를 2부 작성하여 1부는 가사근로자에게 교부해야 합니다.

⑥ 계약제 근로자일 경우 최초 근로계약 만료 후 근로계약을 갱신할 때도 근로계약서를 다시 서면으로 작성하여야 합니다.

⑦ 「가사근로자의 고용개선 등에 관한 법률」의 규정은 근로조건 불확정 상태에서 근로자의 근로를 제공 받는 것을 방지하기 위한 것으로, 가사서비스 제공기관의 사용자는 근로가 개시되기 이전에 근로자와 근로계약서를 작성해야 합니다.

3-2. 위반 시 제재

위 내용을 위반하여 근로계약에 필수 사항을 명시하지 않거나 명시된 서면을 교부하지 않은 가사서비스 제공기관의 사용자는 500만원 이하에 벌금에 처해집니다(「가사근로자의 고용개선 등에 관한 법률」 제26조 제3항 제2호).

가사근로자 표준근로계약서

_____(이하 "가사서비스 제공기관"이라 함)과(와) _____(이하 "가사근로자"라 함)은 다음과 같이 근로계약을 체결한다.

1. 근로계약기간 :   년   월   일부터   년   월   일까지

    ※ 근로계약기간을 정하지 않는 경우에는 "근로개시일"만 기재

2. 가사서비스 종류·내용 :

3. 최소근로시간 : 1주   시간

4. 가사서비스 제공 가능 요일 또는 날짜 : _____, 주 휴일 매주 ___요일

5. 가사서비스 제공 가능 시간대 : ___시 ___분부터 ___시 ___분까지

    - 근로시간 및 휴게시간은 가사서비스 제공기관이 가사근로자에게 고지한 이용계약에 따름

6. 가사서비스 제공 가능 지역 :

    - 근로장소는 가사서비스 제공기관이 가사근로자에게 고지한 이용계약에 따름

7. 임 금

    - 시간급 : _____ 원

    - 기타급여(제수당 등) : 있음 (   ) _____원(내역별 기재), 없음 (   )

    - 임금지급일 : 매월(매주 또는 매일) _____일(휴일의 경우는 전일 지급)

    - 지급방법 : 가사근로자에게 직접지급(   ), 가사근로자명의 예금통장에 입금(   )

8. 유급휴일, 연차 유급휴가

    - 유급휴일 및 연차유급휴가는 가사근로자법에서 정하는 바에 따라 부여함

9. 사회보험 적용여부(해당란에 체크)

    □ 고용보험 □ 산재보험 □ 국민연금 □ 건강보험

10. 근로계약서 교부

 - 가사서비스 제공기관은 근로계약을 체결함과 동시에 본 계약서를 사본하여 가
   사근로자의 교부요구와 관계없이 가사근로자에게 교부함(가사근로자법 제14조
   이행)

11. 근로계약, 취업규칙 등의 성실한 이행의무

 - 가사서비스 제공기관과 가사근로자는 각자가 근로계약, 취업규칙, 단체협약을
   지키고 성실하게 이행하여야 함

12. 기   타

 - 이 계약에 정함이 없는 사항은 가사근로자법령 및 근로기준 법령에 의함

                    년   월   일

(가사서비스 제공기관)   사업체명   (전화 :   )

                      주   소 :

                      대 표 자 :   (서명)

(가사근로자)   주   소 :

                      연 락 처 :

                      성   명 :   (서명)

제3장
가사근로자의 근로활동

1. 이용계약의 체결 및 이행

1-1. 가사서비스 이용계약 체결 및 내용

① 가사서비스 제공기관은 가사서비스 이용자와 다음의 사항이 포함된 이용
계약을 서면(「전자문서 및 전자거래 기본법」 제2조 제1호에 따른 전자
문서를 포함)으로 체결해야 합니다(「가사근로자의 고용개선 등에 관한
법률」 제11조 제1항 및 「가사근로자의 고용개선 등에 관한 법률 시행
규칙」 제6조).
- 가사서비스의 종류
- 가사서비스 제공일 및 제공시간
- 가사근로자 휴게시간
- 가사근로자 안전에 관한 사항
- 가사서비스 이용요금 및 이용료 지급방법
- 가사서비스 제공 시 안전사고 등으로 발생할 수 있는 손해 의 배상에
관한 사항
- 가사서비스의 내용
- 가사서비스의 내용·제공일 및 제공시간의 변경 방법·절차
- 가사서비스 이용 신청의 취소 및 계약 해지 방법·절차
- 가사근로자의 휴일 및 휴가 시 조치에 관한 사항
- 가사근로자와 가사서비스 이용자 사이의 분쟁 해결에 관한 사항

② '가사서비스 표준 이용계약서' 양식은 가사랑 홈페이지(가사랑-알림마당-
자료실, www.work.go.kr/gsrnMain.do)에서 확인할 수 있으며, 가사
서비스 제공기관이 제공하는 가사서비스의 유형 및 내용에 따라 수정·
변경하여 사용할 수 있습니다.

가사서비스 표준 이용계약서

* 다음의 표준이용계약서는 단순 예시이며, 가사서비스 제공기관이 제공하는 가사서비스의 유형 및 내용에 따라 수정·변경하여 사용할 수 있습니다.

표준이용계약서(안)

□ 계약 당사자

  ○ 가사서비스 이용자

    - 성명 :

    - 주소 :

    - 연락처(휴대전화) :

  ○ 가사서비스 제공기관

    - 기관명: (대표자:)

    - 기관 인증번호 :

    - 소재지 :

    - 연락처(대표번호) :

    - 홈페이지 :

□ 원하는 가사서비스 종류

청소	☐
세탁	☐
주방일(설거지 및 조리)	☐
만 12세 이하의 아동 돌봄	☐
산모 및 신생아 돌봄	☐
노인 돌봄	☐
환자 간병	☐
장애인 생활지원	☐
기타 ( )	☐

□ 주거 현황 (청소 서비스 등 필요시 작성)

주거 형태	□아파트 □일반주택　□오피스텔　□기타(　　　)
▲평형대:(　　)평형 ▲방 개수:(　)개 ▲화장실 개수: (　　)개	

□ 서비스기간 및 시간

ㅇ 서비스 시작 및 종료일:

20　　년　　월　　일　~　20　　년　　월　　일

ㅇ 서비스 제공시간

	(　)요일	(　)요일	(　)요일	(　)요일	(　)요일	(　)요일
서비스 시간	시간	시간	시간	시간	시간	시간
시업	시 분	시 분	시 분	시 분	시 분	시 분
종업	시 분	시 분	시 분	시 분	시 분	시 분
휴게시간 (입주 가사근로자)	시 분 ~시 분	시 분 ~시 분	시 분 ~시 분	시 분 ~시 분	시 분 ~시 분	시 분 ~시 분

※ 서비스 제공시간에 해당하는 날이 공휴일인 경우 가사근로자에게 유급휴일로 보장되어야 하므로 서비스 이용시 추가요금이 발생할 수 있습니다.

ㅇ 입주가사근로자의 기숙공간　(　　　　　　)
ㅇ 입주가사근로자의 식사 제공 (　　　　　　)

□ 서비스 내용(예시 : 가사)

제공 서비스 (가사)	1. 환기 및 청소준비 2. 가구 위 먼지제거 및 청소기·막대걸레로 바닥 청소 3. 물건 정리정돈 및 침구 정리정돈 4. 설거지 및 싱크대 청소 5. 가스레인지(인덕션) 외부·전자렌지 내부 청소 5. 화장실 세면대·거울·변기·욕조 청소 6. 세탁기 이용한 세탁 및 건조된 빨래 개기 7. 쓰레기 버리기

□ 서비스요금 및 지불방법

서비스 요금	서비스요금: 시간당[ ]원
	공휴일 서비스요금: 시간당 [ ]원
지급 방법	□현금 □계좌이체 □카드 결제 □간편 결제
	입금계좌번호: / 예금주:
지급 시기	□주 1회 □월 2회 □월 1회 □서비스 이용 시마다

□ 의무 사항 규정

제1조(목적) 이 규정은 가사서비스 제공기관 ㅇㅇㅇ에서 제공하는 가사서비스를 이용하기 위한 계약 관계를 정하는 문서로서, ㅇㅇㅇ사와 이용자의 권리·의무 및 책임 사항을 규정하고 있습니다.

제2조(용어의 정의) 이 규정에서 사용하는 용어의 정의는 다음과 같습니다. 이 규정에서 사용되는 용어 중 본 조에서 정하지 않은 사항은 관계법령 및 일반 관례에 따릅니다.

1. '가사서비스 제공기관'은 이용자의 가사서비스 제공 요청을 받아 직접 고용한 가사근로자를 통해 가사서비스를 제공하는 본 기관을 의미합니다.
2. '이용자'는 가사서비스 제공기관과의 이용계약에 따라 가사서 비스를 제공받는 사람을 의미합니다.
3. '가사근로자'란 가사서비스 제공기관의 사용자와 근로계약을 체결하고, 이용자에게 가사서비스를 제공하는 사람을 말합니다.

제3조(이용계약의 준수) ① 가사서비스 제공기관과 이용자는 원칙적으로 규정 및 이용계약서에 명시되지 않은 사항을 상대방에게 요구할 수 없습니다.

② 불가피한 사정으로 계약기간, 서비스 시간, 서비스 내용 등 계약 내용에 있어 변경이 필요한 경우, 이용자와 가사서비스 제공기관 간 합의에 의해 계약 내용을 변경할 수 있습니다. 단, 변경된 내용은 계약서 또는 별도의 문서(전자적 방식도 포함)로 명시하여야 합니다.

③ 이용자는 가사서비스 제공기관의 서비스 내용 또는 품질이 계약내용과 현저히 다르다고 판단될 경우, 가사서비스 제공기관에게 서비스의 시정 또는 가사근로자의 변경을 요청할 수 있고 가사서비스 제공기관은 정당한 사유가 없는 한 이에 응하여야 합니다.

④ 이용자가 선택·지정한 가사근로자가 휴일·휴가 또는 불가피한 사정으로 서비스를 수행하기 어려운 경우, 가사서비스 제공기관은 이용자의 동의를 얻어 다른 가사근로자가 서비스를 수행하도록 할 수 있습니다.

제4조(계약의 해지 또는 종료) ① 가사서비스 제공기관은 서비스 계약기간 도중 계약을 해지하고자 할 경우 해지의사와 해지사유를 적어도 해지 희망일 7일 전까지 이용자에게 통지하여야 합니다.

② 서비스 제공 도중 가사서비스 제공기관 측 사정으로 본 계약을 해지하게 된 경우 가사서비스 제공기관은 이용자의 서비스 연속성 보장을 위해 적절한 조치를 취하여야 합니다. 다만, 이용자의 요청 또는 귀책사유로 인해 계약이 해지된 경우에는 그렇지 않습니다.

③ 가사근로자에 대한 이용자(이용자 가족 포함)의 폭언·폭행, 성희롱, 이와 유사한 위법 부당행위로 인해 정상적인 서비스 제공이 어려운 경우 가사서비스 제공기관은 즉시 이용자에게 계약 해지를 통보할 수 있습니다.

제5조(이용자 책임) ① 이용자 측 사정으로 서비스를 제공받지 못하는 경우나 서비스 내용 및 서비스 제공일시 등을 변경하는 경우에는 가사근로자에게 통보하지 않고, 반드시 가사서비스 제공기관에 연락해서 동의를 구하여야 합니다.

② 이용자는 제1항에 따라 서비스 계약을 해지 또는 변경하고자 하는 경우에는 서비스 제공일 기준 24시간 전에는 제공자에게 해지 또는 변경 요청을 하여야 합니다. 서비스 제공일 기준 24시간 이내에 해지하거나 변경하는 경우에는 위약금이 발생할 수 있습니다.

③ 이용자(이용자 가족 포함)는 가사근로자에게 이용계약 이외의 가사서비스 제공을 요구해서는 안 되며, 이용계약서에 명시된 서비스 내용 이외에 추가적인 서비스를 요구하고자 하는 경우에는 반드시 가사서비스 제공기관에 연락하여 추가 계약을 체결해야 합니다.

④ 이용자는 가사근로자에게 적절한 근로환경을 제공하기 위해, 가사근로자의 건강이 염려되거나 가사근로자가 요청했을 경우, 상호 협의하여 휴게시간을 부여할 수 있습니다.

⑤ 이용자는 서비스 수행과정에서 가사근로자에게 부상·질병의 위험이 있는 환경이나 시설을 방치해서는 안 되며, 이용자(이용자 가족 포함)는 가사근로자에게 폭언·폭행, 성희롱, 이와 유사한 위법 부당한 행위를 하지 않아야 합니다.

제6조(제공자 책임) ① 가사서비스 제공기관 또는 가사근로자의 사정으로 일시적으로 서비스를 제공하지 못하는 경우에는 가사서비스 제공기관은 반드시 사전에 이용자에게 동의를 구하고, 이용자의 서비스 이용에 차질이 없도록 적절한 조치를 취하여야 합니다.

② 가사서비스 제공기관은 가사근로자가 본 이용계약서에 명시된 서비스를 제대로 이행할 수 있도록 지휘·감독 및 교육·훈련에 대한 책임을 집니다.

③ 가사서비스 제공기관은 가사근로자를 서비스 현장에 투입하기 이전에 안전·보건에 대한 교육을 적절하게 실시하여야 하며, 가사근로자가 서비스 제공과정에서 부상을 당하거나 질병에 걸린 경우 업무상 재해로 인정하여 신속하게 치료를 받을 수 있도록 해야 합니다.

제7조(손해배상책임) ① 가사서비스 제공기관 또는 가사근로자의 귀책사유로 인하여 서비스를 제공할 수 없는 경우 이로 인하여 발생한 이용자의 손해에 대해서는 가사서비스 제공기관이 배상합니다. 다만, 다음 각 호의 사유에 해당하는 경우에는 배상 책임을 지지 아니합니다.

　　1. 천재지변 기타 이에 준하는 불가항력으로 인하여 서비스를 제공할 수 없는 경우
　　2. 이용자 또는 제3자의 귀책사유로 인하여 서비스를 제공할 수 없는 경우

② 가사근로자의 과실로 발생한 파손 사고에 대해서는 계약된 보험사의 보험 규정에 따라 배상합니다.

③ 이용자는 귀중품의 도난, 분실, 파손을 막기 위해 주의를 기울일 의무가 있으며, 해당 의무를 다하지 않을 시 가사서비스 제공기관은 원칙적으로 배상 책임을 지지 않습니다.

제8조(개인정보보호) ① 가사서비스 제공기관과 가사근로자는 계약 및 서비스 과정에서 알게 된 이용자 또는 이용자 가족의 개인정보를 서비스 목적 외에 활용하거나 유출해서는 안 됩니다.

② 가사서비스 제공기관은 서비스를 위해 수집한 이용자의 개인정보에 대해 관련 법규 및 규정에 따라 적절한 보호조치를 취하여야 합니다.

제9조(분쟁의 해결) 이용계약 및 본 규정의 이행과 해석에 있어 발생하는 분쟁은 신의성실의 원칙에 따라 당사자 간 원만한 합의에 의해 처리하며, 당사자 간 합의에 도달하지 못한 경우에는 관련 법규 또는 판례에 따릅니다.

제10조(입주가사근로자) 본 규정과 관련된 가사근로자가 입주하여 가사서비스를 제공하는 가사근로자일 경우, 입주 가사근로자의 기숙 공간 및 식사 제공을 이용계약에 별도로 포함시키며, 입주가사근로자의 건강 및 수면, 적절한 근로환경을 위해 연속적인 휴게시간을 보장합니다.

제11조(재판관할 및 준거법) 이 규정과 관련하여 가사서비스 제공기관과 이용자 간에 발생한 분쟁에 관한 소송은 민사소송법상의 관할법원에 제기하며, 대한민국 법을 적용합니다.

　　상기 계약당사자 또는 대리인은 가사서비스 제공기관의 서비스 제공 내용을 확인하고 계약 내용을 성실히 이행할 것을 약속하며 본 이용계약서를 작성하고 서명 날인한 후 각 1통씩 보관합니다.

2022.　　　.　　　.

서비스 이용자　(대리인):　　　　　　　(서명 또는 날인)
서비스 제공기관 (대표자):　　　　　　　(서명 또는 날인)

1-2. 입주가사근로자의 이용계약 내용

① 가사서비스 제공기관은 입주하여 가사서비스를 제공하는 이용계약을 체결하는 경우 추가로 다음의 사항이 이용계약에 반영되도록 해야 합니다 (「가사근로자의 고용개선 등에 관한 법률」 제11조 제2항).
   - 입주가사근로자의 기숙 공간
   - 입주가사근로자에 대한 식사 제공
   - 연속적인 휴게시간 보장

② 가사서비스 제공기관은 입주하여 가사서비스를 제공하는 이용계약을 체결하는 경우 해당 가사서비스를 제공할 장소에 입주가사근로자를 위한 기숙 공간이 있는지를 미리 확인해야 합니다(「가사근로자의 고용개선 등에 관한 법률」 제17조 제2항).

1-3. 이용계약서 작성 시 법령 근로조건 준수

① 가사서비스 제공기관은 가사서비스 이용자와 이용계약을 체결할 때 「근로기준법」 및 「가사근로자의 고용개선 등에 관한 법률」에서 정하는 근로조건 등에 반하는 내용이 포함되지 않도록 해야 합니다(「가사근로자의 고용개선 등에 관한 법률」 제9조 제2항).

② 위 내용을 위반하여 「근로기준법」 및 「가사근로자의 고용개선 등에 관한 법률」에서 정하는 근로조건 등에 반하는 내용이 포함된 이용계약을 체결한 경우 가사서비스 제공기관은 시정명령을 받을 수 있습니다(「가사근로자의 고용개선 등에 관한 법률」 제23조 제1항 제4호).

1-4. 위반 시 제재

위 내용을 위반하여 이용계약을 체결하지 않고 가사근로자에게 가사서비스를 제공하게 하거나 이용계약 시 포함하여야 할 사항을 포함하지 않고 이용계약을 체결한 가사서비스 제공기관은 시정명령을 받을 수 있으며, 500만원 이하의 과태료를 부과 받습니다(「가사근로자의 고용개선 등에 관한 법률」 제23조 제1항 제5호 및 제28조 제1항 제2호).

2. 가사서비스 이용계약 이행

① 가사서비스 제공기관은 이용계약에 따른 가사서비스를 제공할 가사근로자에게 해당 이용계약의 내용을 미리 고지하여 가사근로자가 이용계약에 따라 가사서비스를 제공하도록 해야 합니다(「가사근로자의 고용개선 등에 관한 법률」 제11조 제3항).

② 이용계약의 고지 방법은 법령에 명시적 규정이 없으므로 구두 등의 방법으로도 가능하지만, 서면·문자·이메일 등 객관적으로 이용계약의 내용을 확인할 수 있는 방법으로 하는 것이 분쟁 예방을 위해 권장됩니다.

③ 가사서비스 이용자는 체결한 이용계약을 준수하여야 하며, 이용계약에서 정한 사항 외의 업무를 가사근로자에게 요구해서는 안 됩니다(「가사근로자의 고용개선 등에 관한 법률」 제11조 제4항).

④ 가사근로자는 이용계약에 따라 가사서비스를 제공하며, 업무상 알게 된 이용자의 비밀을 다른 사람에게 누설하거나 업무 목적 외의 용도로 사용해서는 안 됩니다(「가사근로자의 고용개선 등에 관한 법률」 제9조 제3항 및 제11조 제3항 참조).

■ 현장에서 추가로 아이돌봄 서비스도 부탁드리고 싶은데 가능한가요?

Q. 현재 청소, 세탁 가사서비스를 이용하고 있는 이용자입니다. 가사근로자의 가사서비스가 너무 좋아 현장에서 추가로 아이돌봄 서비스도 부탁드리고 싶은데 가능한가요?

A. 가사서비스를 이용하실 때는, 사전에 체결된 이용계약에 한정된 가사서비스만 제공받을 수 있습니다.

추가로 서비스를 변경하고 싶을 때는 이용계약서에 "가사서비스 내용을 변경 또는 추가하고자 하는 경우 그 절차 등에 관한 사항"을 정하게 되어 있으므로 정해진 절차 등에 따라야 하며, 가사서비스 제공기관에 문의하셔야 합니다.

■ 가사서비스 이용고객이 추가적으로 세탁서비스를 부탁하셨는데, 가사서비스의 추가가 가능한가요?

Q. 현재 가정 내에서 아이 돌봄 가사서비스를 제공하고 있는 가사근로자입니다. 가사서비스 이용고객이 추가적으로 세탁서비스를 부탁하셨는데, 가사서비스의 추가가 가능한가요?

A. 아니요! 가사서비스의 이용자는 이용계약에서 정한 사항 외의 업무를 가사근로자에게 요구해서는 안 됩니다.

◇ 가사서비스 이용계약 체결

가사서비스 제공기관은 가사서비스 이용자와 이용계약을 서면(전자문서를 포함)으로 체결해야 합니다.

◇ 가사서비스 이용계약 이행

① 가사서비스 제공기관은 이용계약에 따른 가사서비스를 제공할 가사근로자에게 이용계약의 내용을 미리 고지하여 가사근로자가 이용계약에 따라 가사서비스를 제공하도록 해야 합니다.

② 가사서비스 이용자는 체결한 이용계약을 준수하여야 하며, 이용계약에서 정한 사항 외의 업무를 가사근로자에게 요구해서는 안 됩니다.

3. 근로시간

3-1. 법정근로시간

① 가사근로자의 1주 간의 근로시간은 휴게시간을 제외하고 40시간을 초과할 수 없고 1일의 근로시간은 휴게시간을 제외하고 8시간을 초과할 수 없습니다(「근로기준법」 제50조 제1항·제2항).

② "연장근로시간"이란 법정근로시간을 초과하여 제공한 근로시간을 의미하며, 가사근로자와 가사서비스 제공기관 간에 합의하면 1주 간에 12시간을 한도로 근로시간을 연장할 수 있습니다(「근로기준법」 제53조 제1항).

3-2. 입주가사근로자의 근로시간 산정

① 입주가사근로자의 근로 관계에 관하여는 규제「근로기준법」제50조 및 제53조의 적용을 받지 않으므로 법정근로시간 및 연장근로시간을 적용하지 않습니다(「가사근로자의 고용개선 등에 관한 법률」 제6조 제2항).

「근로기준법」상 근로자	가사근로자	
	입주가사근로자	그 외 가사근로자
근로시간 (「근로기준법」 제50조)	X	O
연장 근로의 제한 (「근로기준법」 제53조)	X	O

② 입주가사근로자의 실제 근로시간을 산정하기 어려운 경우에는 「가사근로자의 고용개선 등에 관한 법률」 제11조 제1항에 따른 이용계약에서 명시한 가사서비스 제공시간을 근로한 것으로 봅니다(「가사근로자의 고용개선 등에 관한 법률」 제17조 제1항).

3-3. 최소근로시간

3-3-1. 최소근로시간의 보장

① 가사서비스 제공기관은 가사근로자에게 1주일에 최소 15시간 이상의 근로시간을 제공해야 합니다(「가사근로자의 고용개선 등에 관한 법률」 제15조 제1항 본문 참조).

② 근로계약 체결 시 명시한 최소근로시간은 근로자가 그에 해당하는 근로를 제공하고, 가사서비스 제공기관의 사용자는 그에 대한 임금을 지급하겠다는 상호간의 약정을 의미합니다.

③ 따라서, 가사근로자가 최소근로시간 미만으로 근로한 경우에도 근로자 귀책사유(지각, 결근 등)에 해당하지 않는 한 가사서비스 제공기관은 근로계약으로 명시한 최소근로시간에 해당하는 시간급을 지급해야 합니다.

■ **휴일이 포함된 주의 최소근로시간은 어떻게 적용하나요?**

Q. 휴일이 포함된 주의 최소근로시간은 어떻게 적용하나요?

A. 1주일 내에 휴일이 포함된 경우 최소근로시간은 근로 제공 가능 일수(휴일 제외)에 비례하여 산정합니다.

  예를 들어 한 주에 휴일이 이틀 포함된 경우 최소근로시간이 15시간인 근로자는 휴일 1일당 3시간씩(15시간/5일), 총 6시간을 차감한 9시간을 최소근로시간으로 봅니다.

3-3-2. 최소근로시간의 예외

① 가사근로자의 명시적인 의사가 있는 경우 또는 다음과 같은 경영상 불가피한 경우에는 최소근로시간을 1주일에 15시간 미만으로 정할 수 있습니다(「가사근로자의 고용개선 등에 관한 법률」 제15조 제1항 단서 및 「가사근로자의 고용개선 등에 관한 법률 시행령」 제6조).

   1. 최소근로시간을 1주일에 15시간 미만으로 정하려는 날이 속하는 달의 직전 달(이하 "기준달"이라 함)의 매출액이 다음의 어느 하나에 해당하는 매출액에 비하여 100분의 30 이상 감소한 경우

   - 기준달이 속하는 연도의 직전 연도의 같은 달 매출액

   - 기준달의 직전 3개월의 연평균 매출액

   - 기준달이 속하는 연도의 직전 연도의 월평균 매출액

   2. 기준달의 매출액과 기준달 직전 2분기의 분기별 월평균 매출액이 계속하여 각각 100분의 20 이상 감소하여 매출액이 감소 추세에 있는 경우

② 이 경우 경영상 불가피한 경우 판단 시 적용하는 매출액은 가사서비스 제공기관으로 인증받고 가사서비스를 제공하여 발생한 매출액으로 한정합니다.

3-3-3. 위반 시 시정명령

위와 같은 예외 사항에 해당하는 경우를 제외하고, 가사근로자에게 최소근로시간을 보장하지 않은 경우 가사서비스 제공기관은 시정명령을 받을 수 있습니다(「가사근로자의 고용개선 등에 관한 법률」 제23조 제1항 제7호).

■ 가사근로자의 근로시간은 임의로 정해도 되는 건가요?

Q. 일주일에 10시간만 세탁과 청소 등을 해달라고 하는데 가사근로자의 근로시간은 임의로 정해도 되는 건가요?

A. 아닙니다. 가사근로자는 1주일에 최소 15시간 이상의 근로시간을 제공받아야 하지만, 가사근로자의 명시적인 의사가 있는 경우 또는 경영상 불가피한 일정한 사유가 있는 경우에는 최소근로시간을 1주일에 15시간 미만으로 정할 수 있습니다.

◇ 최소근로시간의 보장

가사서비스 제공기관은 가사근로자에게 1주일에 최소 15시간 이상의 근로시간을 제공해야 합니다.

◇ 최소근로시간의 예외

① 가사근로자의 명시적인 의사가 있는 경우 최소근로시간을 1주일에 15시간 미만으로 정할 수 있습니다.

② 다음과 같은 경영상 불가피한 경우에 최소근로시간을 1주일에 15시간 미만으로 정할 수 있습니다.

　1. 최소근로시간을 1주일에 15시간 미만으로 정하려는 날이 속 하는 달의 직전 달(이하 "기준달"이라 함)의 매출액이 다음의 어느 하나에 해당하는 매출액에 비하여 100분의 30 이상 감소한 경우
　　- 기준달이 속하는 연도의 직전 연도의 같은 달 매출액
　　- 기준달의 직전 3개월의 연평균 매출액
　　- 기준달이 속하는 연도의 직전 연도의 월평균 매출액

　2. 기준달의 매출액과 기준달 직전 2분기의 분기별 월평균 매출액이 계속하여 각각 100분의 20 이상 감소하여 매출액이 감소추세에 있는 경우

③ 위와 같은 예외 사항에 해당하는 경우를 제외하고, 가사근로자에게 최소 근로시간을 보장하지 않은 경우 가사서비스 제공기관은 시정명령을 받을 수 있습니다.

제4장

가사근로자의 근로보호

PART Ⅰ. 근로 환경보장

1. 휴일 및 휴가 등

1-1. 유급휴일의 보장

① 가사서비스 제공기관의 사용자는 가사근로자가 고지받은 이용계약 상의 서비스 제공시간(제공대상시간)을 1주간 실제 근로한 가사근로자에게 1주에 평균 1회 이상의 유급휴일을 보장해야합니다(「가사근로자의 고용개선 등에 관한 법률」 제16조, 「가사근로자의 고용개선 등에 관한 법률 시행령」 제7조 및 별표 1).

② 이 경우, 제공대상시간은 근로계약에 명시된 근로조건(가사서비스 제공 가능 요일 또는 날짜, 시간대 및 지역)에 맞지 않는 시간은 제외합니다.

1-2. 공휴일 및 대체공휴일의 보장

① 가사서비스 제공기관의 사용자는 「관공서의 공휴일에 관한 규정」 제2조(일요일은 제외)의 공휴일 및 같은 영 제3조에 따른 대체공휴일을 유급휴일로 보장해야 합니다(「가사근로자의 고용개선 등에 관한 법률 시행령」 별표 1 제1호다목 본문).

② 다만, 가사서비스 제공기관의 사용자가 가사근로자 대표와 서면으로 합의한 경우 유급휴일을 특정한 근로일로 대체할 수 있습니다(「가사근로자의 고용개선 등에 관한 법률 시행령」 별표 1 제1호다목 단서).

③ 5월 1일은 「근로자의 날 제정에 관한 법률」에 따른 근로자의 날로서 가사서비스 제공기관의 사용자는 가사근로자에게 5월 1일을 유급휴일로 보장하여야 합니다.

1-3. 유급휴일의 산정기준과 계산식

① 가사서비스 제공기관이 유급휴일에 대하여 가사근로자에게 지급해야 하는 임금은 다음의 유급휴일 계산식으로 산정한 시간 수에 시간급 임금을 곱하여 산정한 일급 임금으로 합니다(「가사근로자의 고용개선 등에 관한 법률 시행령」 별표 1 제1호라목 본문·마목).

② 이 경우 산정한 시간 수가 1시간 미만인 경우에는 1시간으로 올려 계산합니다(「가사근로자의 고용개선 등에 관한 법률 시행령」 별표 1 제1호라목 단서).

$$
유급휴일계산식 = \frac{\genfrac{}{}{0pt}{}{4주\ 간(4주\ 미만으로\ 근로하는\ 경우에는\ 그\ 기간)}{주\ 평균\ 실제\ 근로시간}}{40시간} \times 8시간
$$

1-4. 유급휴일 적용의 예외

1주간 최소근로시간이 15시간 미만인 가사근로자에 대해서는 위에 따른 유급휴일이 적용되지 않습니다(「가사근로자의 고용개선 등에 관한 법률」 제15조 제2항).

1-5. 위반 시 제재

위 내용을 위반하여 유급휴일을 주지 않은 가사서비스 제공기관의 사용자는 2년 이하의 징역 또는 2천만원 이하의 벌금에 처해집니다(「가사근로자의 고용개선 등에 관한 법률」 제26조제1항).

2. 연차 유급휴가

2-1. 연차 유급휴가의 지급

① 가사서비스 제공기관의 사용자는 1년간 실제 근로기간이 연간 제공대상 시간의 80% 이상인 가사근로자에게 15일을 부여해야 합니다(「가사근로자의 고용개선 등에 관한 법률」 제16조 제1항 및 「가사근로자의 고용개선 등에 관한 법률 시행령」 별표 1 제2호가목).

② 계속하여 근로한 기간이 1년 미만이거나 1년간 실제 근로시간이 연간 제공대상 시간의 80% 미만인 가사근로자가 1개월간 제공대상시간을 실제 근로한 경우 1일을 부여합니다(「가사근로자의 고용개선 등에 관한 법률 시행령」 별표 1 제2호나목).

③ 연차 유급휴가는 가사근로자가 청구한 시기에 주어야 하며, 단순히 업무량이 많아진다거나 일손이 바쁘다는 이유로 연차 유급휴가 사용 청구를 거부할 경우 「가사근로자의 고용개선 등에 관한 법률」 위반에 해당합니다(「가사근로자의 고용개선 등에 관한 법률」 제16조 제3항 본문).

④ 다만, 가사근로자가 청구한 시기에 휴가를 주는 것이 사업 운영에 막대한 지장을 주는 경우에는 그 시기를 변경할 수 있습니다(「가사근로자의 고용개선 등에 관한 법률」 제16조 제3항 단서).

2-2. 장기 근속한 가사근로자 대상 유급휴가 가산

① 가사서비스 제공기관의 사용자는 3년 이상 계속하여 근로한 가사근로자에게는 「가사근로자의 고용개선 등에 관한 법률 시행령」 별표 1 제2호 가목에 따른 유급 휴가일수에 최초 1년을 초과하는 계속 근로 연수 매 2년마다 1일을 가산한 유급휴가를 줘야 합니다(「가사근로자의 고용개선 등에 관한 법률 시행령」 별표 1 제2호다목 전단).

② 이 경우 가산휴가를 포함한 총 휴가 일수는 25일을 한도로 합니다(「가사근로자의 고용개선 등에 관한 법률 시행령」 별표 1 제2호다목 후단).

근속 년수	0년	1년	2년	3년	4년	5년	7년	10년	15년	20년	21년	25년
가산 일수				(+1)		(+2)	(+3)	(+4)	(+7)	(+9)	(+10)	(+10)
휴가 일수	11일	15일	15일	16일	16일	17일	18일	19일	22일	24일	25일	25일

2-3. 연차 유급휴가의 산정기준과 계산식

① 가사서비스 제공기관의 사용자가 가사근로자에게 줘야 할 연차 유급휴가의 산정기준은 가사근로자가 실제 근로한 시간을 기준으로 정하며, 아래의 연차 유급휴가 계산식으로 산정한 시간 단위로 합니다(「가사근로자의 고용개선 등에 관한 법률 시행령」 별표 1 제2호라목 전단·마목).

$$\text{연차 유급휴가 계산식} = \text{연차 유급휴가 일수} \times \frac{\text{주 평균 실제 근로시간}}{40\text{시간}} \times 8\text{시간}$$

② 이 경우 산정한 시간 수가 1시간 미만인 경우에는 1시간으로 올려 계산합니다(「가사근로자의 고용개선 등에 관한 법률 시행령」 별표 1 제2호라목 후단).

③ 주 평균 실제 근로시간은 다음과 같은 식으로 산정합니다(「가사근로자의 고용개선 등에 관한 법률 시행령」 별표 1 제2호바목).

$$\frac{\text{연간 실제 근로시간}}{\text{해당 기간(연)의 일수}} \times 7일 \quad \text{또는} \quad \frac{\text{월간 실제 근로시간}}{\text{해당 기간(월)의 일수}} \times 7일$$

④ 가사서비스 제공기관이 연차 유급휴가에 대하여 가사근로자에게 지급해야 하는 임금은 연차 유급휴가 계산식으로 산정한 시간 수에 시간급 임금을 곱하여 산정합니다(「가사근로자의 고용개선 등에 관한 법률 시행령」 별표 1 제2호사목).

2-4. 연차 유급휴가 적용의 예외

1주간 최소근로시간이 15시간 미만인 가사근로자에 대해서는 위에 따른 연차 유급휴가가 적용되지 않습니다(「가사근로자의 고용개선 등에 관한 법률」 제15조 제2항).

2-5. 위반 시 제재

위 내용을 위반하여 연차 유급휴가를 주지 않거나 가사근로자가 청구한 시기에 연차 유급휴가를 주지 않은(청구한 시기에 휴가를 주는 것이 사업 운영에 막대한 지장을 주는 경우에 해당하여 그 시기를 변경한 경우는 제외) 가사서비스 제공기관의 사용자는 2년 이하의 징역 또는 2천만원 이하의 벌금에 처해집니다(「가사근로자의 고용개선 등에 관한 법률」 제26조제1항).

■ 유급휴일 및 연차 유급휴가를 어떻게 산정하나요?

Q. 월요일~금요일까지 매일 4시간(주 20시간) 근로하고 주휴일이 일요일인 1년 미만 가사근로자가 7/30 공휴일에 쉬고, 그 외에는 근로를 제공한 경우라면 어떻게 유급휴일 및 연차 유급휴가를 산정하나요?

A.

구분	월	화	수	목	금	토	일
1주차	7/1	7/2	7/3	7/4	7/5	7/6	7/7(휴)
실제 근로시간 20시간	4시간	4시간	4시간	4시간	4시간		
2주차	7/8	7/9	7/10	7/11	7/12	7/13	7/14(휴)
실제 근로시간 20시간	4시간	4시간	4시간	4시간	4시간		
3주차	7/15	7/16	7/17	7/18	7/19	7/20	7/21(휴)
실제 근로시간 20시간	4시간	4시간	4시간	4시간	4시간		
4주차	7/22	7/23	7/24	7/25	7/26	7/27	7/28(휴)
실제 근로시간 20시간	4시간	4시간	4시간	4시간	4시간		
5주차	7/29	7/30(휴)	7/31	8/1	8/2	8/3	8/4(휴)
실제 근로시간 16시간	4시간	4시간	4시간	4시간	4시간		

① 5주차 발생 주휴: 19시간 / 40시간 x 8시간 = 4시간

[비고: 19시간 산정식 = 76시간(2~5주차 실제 근로시간) / 4주]

② 7/30 발생 유급휴일: 20시간 / 40시간 x 8시간 = 4시간

[비고: 20시간 산정식 =80시간(4주간(7/2~29) 실제 근로시간) / 4주]

③ 7월 발생 연차 유급휴가:

 1일 x 19.9시간 / 40시간 x 8시간 = 4시간

[비고: 19.9시간 산정식 = 88시간(7/1~31 실제 근로시간) / 31일 x 7일]

3. 휴게

"휴게"란 근로시간 도중에 근로자가 자유로이 이용할 수 있는 시간을 말합니다. 다만, 입주가사근로자만 「근로기준법」 제54조의 내용이 적용되며 그 외 가사근로자에게는 적용이 제외됩니다(「근로기준법」 제54조 및 「가사근로자의 고용개선 등에 관한 법률」 제6조 제2항).

가사근로자의 구분	휴게시간의 부여
입주가사근로자	근로시간이 4시간인 경우에는 30분 이상, 8시간인 경우에는 1시간 이상의 휴게시간을 근로시간 도중에 부여해야 합니다(「근로기준법」 제54조제1항). ※ 계속되는 근로에서 누적되는 피로를 회복하여 근로자의 작업능률을 향상시킬 뿐 아니라 산업재해를 방지하기 위하여 '근로시간 도중'에 부여합니다. 업무에 시작 전 또는 업무가 끝난 후에 부여하는 것은 「근로기준법」에 위반됩니다(「근로기준법」 제54조). ※ 휴게시간을 자유로이 이용할 수 있으므로 외출도 보장되며, 휴게시간은 일시에 부여해도 되고 분할하여 부여해도 되지만 이용계약을 통해 연속적인 휴게시간을 보장받을 수 있습니다(「가사근로자의 고용개선 등에 관한 법률」 제11조제2항제3호).
그 외 가사근로자	가사근로자의 휴게시간은 가사서비스 제공기관과 가사서비스 이용자가 서면으로 체결한 이용계약에 따릅니다(「가사근로자의 고용개선 등에 관한 법률」 제11조제1항제3호·제3항 참조).

입주가사근로자로 근무하고 있다 보니 근로시간과 휴게시간의 경계가 애매합니다. 입주가사근로자의 휴게시간은 어떻게 되나요?

입주가사근로자는 「근로기준법」 제54조의 내용이 적용되어 「근로기준법」에 따라 휴게시간을 부여받습니다.

◇ 가사근로자의 휴게

☞ "휴게"란 근로시간 도중에 근로자가 자유로이 이용할 수 있는 시간을 말합니다. 다만, 입주가사근로자만 「근로기준법」 제54조의 내용이 적용되며 그 외 가사근로자에게는 적용이 제외됩니다.

가사근로자의 구분	휴게시간의 부여
입주가사근로자	- 근로시간이 4시간인 경우에는 30분 이상, 8시간인 경우에는 1시간 이상의 휴게시간을 근로시간 도중에 부여해야 합니다. - 이용계약을 통해 연속적인 휴게시간을 보장받을 수 있습니다.

4. 이용자 등에 의한 성희롱 · 폭언 방지

4-1. 이용자 등에 의한 성희롱

4-1-1. 가사서비스 제공기관의 성희롱 관련 조치 의무

① "고객 등에 의한 성희롱"이란 고객 등 업무와 밀접한 관련이 있는 사람이 업무수행 과정에서 성적인 언동 등을 통하여 가사근로자에게 성적 굴욕감 또는 혐오감 등을 느끼게 하는 것을 의미합니다(「남녀고용평등과 일·가정 양립 지원에 관한 법률」 제14조의2 제1항 참조).

■ **고객에 의한 성희롱 관련하여 업무와 밀접한 관련이 있는 자의 범위는 어떻게 되나요?**

Q. 고객에 의한 성희롱 관련하여 업무와 밀접한 관련이 있는 자의 범위는 어떻게 되나요?

A. 고객 등 업무와 밀접한 관련이 있는 자라 하면 일반적으로 다음과 같습니다.
 - 해당 가사서비스 제공기관과 납품, 구매, 용역 등 어떠한 명칭으로든지 업무나 영업과 관련하여 지속적 또는 일시적으로 거래 관계에 있는 자
 - 해당 가사서비스 제공기관에서 제공하는 서비스를 지속적 또는 일시적으로 이용하는 자

---

② 가사서비스란 가정 내에서 이루어지는 가정생활의 유지 및 관리에 필요한 업무를 수행하는 것을 의미하므로, 가사근로자가 가정 내에서 가사서비스를 제공받는 이용자·이용자 가족(이하 '이용자 등'이라 함)에게 성희롱 피해를 입은 경우 그 사실을 가사서비스 제공기관의 사업주에게 신고할 수 있습니다.

③ 이에 따라 가사서비스 제공기관은 지체 없이 그 사실 확인을 위한 조사를 해야 합니다(「가사근로자의 고용개선 등에 관한 법률」 제2조 「남녀고용평등과 일·가정 양립 지원에 관한 법률」 제14조 제1항·제2항 참조).

④ 가사서비스 제공기관의 사업주는 위에 따른 조사 결과 성희롱 발생 사실이 확인된 때 해당 가사근로자가 그로 인한 고충 해소를 요청할 경우 근무 장소 변경, 배치전환, 유급휴가의 명령 등 적절한 조치를 해야 합니다(「남녀고용평등과 일·가정 양립 지원에 관한 법률」 제14조 제4항 참조).

4-1-2. 가사근로자에 대한 불이익 금지

① 가사서비스 제공기관은 가사서비스 제공과 관련하여 가사근로자와 이용자 간의 갈등 등 가사근로자가 제기하는 불편사항이나 고충 등을 처리하고 조정하기 위하여 노력해야 하며, 가사근로자가 불편사항이나 고충 등을 제기하였다는 이유로 가사근로자에게 불이익한 조치를 해서는 안 됩니다(「가사근로자의 고용개선 등에 관한 법률」 제4조 제2항).

② 가사서비스 제공기관은 가사근로자가 고객 등에 의한 성희롱 피해를 주장하거나 고객 등으로부터의 성적 요구 등에 따르지 않았다는 것을 이유로 해고나 그 밖의 불이익한 조치를 해서는 안 됩니다(「남녀고용평등과 일·가정 양립 지원에 관한 법률」 제14조의2 제2항).

③ 이를 위반하여 가사근로자에게 해고나 그 밖의 불이익한 조치를 한 경우 500만원 이하의 과태료가 부과됩니다(「남녀고용평등과 일·가정 양립 지원에 관한 법률」 제39조 제3항 제2호).

■ **고객에 의한 성희롱 발생 시 가사서비스 제공기관의 사업주가 조치할 내용은 무엇인가요?**

Q. 고객에 의한 성희롱 발생 시 가사서비스 제공기관의 사업주가 조치할 내용은 무엇인가요?

A. 「남녀고용평등과 일·가정 양립 지원에 관한 법률」 제14조의2에 의해 사업주는 고객 등 업무와 밀접한 관련이 있는 자가 업무수행 과정에서 성적인 언동 등을 통하여 근로자에게 성적 굴욕감 또는 혐오감 등을 느끼게 하여 해당 근로자가 그로 인한 고충 해소를 요청할 경우 근무 장소 변경, 배치전환 등 가능한 조치를 취하도록 노력해야 하며 다른 근무 장소가 없거나 배치전환이 불가능한 사업장의 경우 재발 방지 대책을 수립하는 등 근로자 보호에 만전을 기하도록 노력해야 합니다.

증거 불충분 등으로 고객에 의한 성희롱이 있었다고 보기 어렵지만, 근로자의 고충 해소 요청에 참작할 만한 사정이 있는 경우에는 근무 장소 변경 등 가능한 조치를 취해 주는 것이 바람직합니다.

4-2. 이용자 등에 의한 폭언

4-2-1. 고객의 폭언 관련 가사서비스 제공기관의 조치 의무

① "고객의 폭언"이란 주로 고객을 직접 대면하는 업무에 종사하는 고객응대근로자에 대하여 고객의 폭언, 폭행, 그 밖에 적정 범위를 벗어난 신체적·정신적 고통을 유발하는 행위(이하 '폭언등' 이라 함)를 의미합니다 (「산업안전보건법」 제41조제1항).

② 가사서비스란 가정 내에서 이루어지는 가정생활의 유지 및 관리에 필요한 업무를 수행하는 것을 의미하므로, 가사근로자는 가정 내에서 가사서비스를 제공받는 이용자 등의 폭언등으로 건강장해가 발생하거나 발생할 현저한 우려가 있는 경우에 가사서비스 제공기관에게 적절한 조치를 요구할 수 있습니다(「가사근로자의 고용개선 등에 관한 법률」 제2조 및 「산업안전보건법」 제41조 제3항 참조).

③ 가사서비스 제공기관은 업무와 관련하여 고객 등 제3자의 폭언등으로 근로자에게 건강장해가 발생하거나 발생할 현저한 우려가 있는 경우에는 다음과 같은 조치가 취해지도록 해야 합니다(「산업안전보건법」 제41조 제2항 및 「산업안전보건법 시행령」 제41조).
  - 업무의 일시적 중단 또는 전환
  - 휴게시간의 연장(입주가사근로자에게만 해당)
  - 폭언등으로 인한 건강장해 관련 치료 및 상담 지원
  - 관할 수사기관 또는 법원에 증거물·증거서류를 제출하는 등 폭언등으로 인한 고소, 고발 또는 손해배상 청구 등을 하는데 필요한 지원

④ 이를 위반하여 필요한 조치를 하지 않은 경우 1천만원 이하의 과태료가 부과됩니다(「산업안전보건법」 제175조 제4항제3호).

4-2-2. 가사근로자에 대한 불이익 금지

① 가사서비스 제공기관은 가사서비스 제공과 관련하여 가사근로자와 이용자 간의 갈등 등 가사근로자가 제기하는 불편사항이나 고충 등을 처리하고 조정하기 위하여 노력해야 하며, 가사근로자가 불편사항이나 고충 등을 제기하였다는 이유로 가사근로자에게 불이익한 조치를 해서는 안 됩니다(「가사근로자의 고용개선 등에 관한 법률」 제4조 제2항).

② 가사서비스 제공기관은 가사근로자의 요구를 이유로 해고 또는 그 밖의 불리한 처우를 해서는 안 됩니다(「산업안전보건법」 제41조 제3항).

③ 이를 위반하여 해고나 그 밖의 불리한 처우를 한 경우 1년 이하의 징역 또는 1천만원 이하의 벌금에 처해집니다(「산업안전보건법」 제170조 제1호).

■ 근무 중 이용자한테 심한 욕설이 섞인 핀잔을 들었는데 저는 어떠한 도움을 받을 수 있을까요?

Q. 가정에 방문하여 가사서비스를 제공하는 가사근로자입니다. 근무 중 이용자한테 심한 욕설이 섞인 핀잔을 들었는데 저는 어떠한 도움을 받을 수 있을까요?

A. 가사서비스란 가정 내에서 이루어지는 가정생활의 유지 및 관리에 필요한 업무를 수행하는 것을 의미하므로, 가사근로자는 가정 내에서 가사서비스를 제공받는 이용자의 폭언으로 건강장해가 발생하거나 발생할 현저한 우려가 있는 경우에 가사서비스 제공기관에게 적절한 조치를 요구할 수 있습니다.

◇ 고객의 폭언

"고객의 폭언"이란 주로 고객을 직접 대면하는 업무에 종사하는 고객응대근로자에 대하여 고객의 폭언, 폭행, 그 밖에 적정 범위를 벗어난 신체적·정신적 고통을 유발하는 행위를 의미합니다.

◇ 이용자의 폭언 관련 가사서비스 제공기관의 조치 의무

① 가사근로자는 가정 내에서 가사서비스를 제공받는 이용자의 폭언 그 밖에 적정 범위를 벗어난 신체적·정신적 고통을 유발하는 행위로 건강장해가 발생하거나 발생할 현저한 우려가 있는 경우에 가사서비스 제공기관에게 적절한 조치를 요구할 수 있습니다.

② 가사서비스 제공기관은 업무와 관련하여 고객 등 제3자의 폭언등으로 근로자에게 건강장해가 발생하거나 발생할 현저한 우려가 있는 경우에는 다음과 같은 조치가 취해지도록 해야 합니다.
  - 업무의 일시적 중단 또는 전환
  - 폭언으로 인한 건강장해 관련 치료 및 상담 지원
  - 관할 수사기관 또는 법원에 증거물·증거서류를 제출하는 등 폭언으로 인한 고소, 고발 또는 손해배상 청구 등을 하는 데 필요한 지원

③ 가사서비스 제공기관은 가사근로자가 불편사항이나 고충 등을 제기하였다는 이유로 가사근로자에게 불이익한 조치를 해서는 안 됩니다.

◇ 위반 시 제재

① 가사서비스 제공기관의 사업주가 가사근로자에게 필요한 조치를 하지 않

은 경우 1천만원 이하의 과태료가 부과됩니다.

② 가사서비스 제공기관의 사업주는 불편사항이나 고충 등을 제기하였다는 이유로 가사근로자에게 해고나 그 밖의 불리한 처우를 한 경우 1년 이하의 징역 또는 1천만원 이하의 벌금에 처해집니다.

PART II. 최저임금·4대보험 등의 보장

1. 최저임금 및 퇴직급여

1-1. 최저임금 준수

1-1-1. 「최저임금법」의 적용 범위

「최저임금법」은 근로자를 사용하는 모든 사업 또는 사업장에 적용합니다(「최저임금법」 제3조 제1항 본문).

1-1-2. 가사서비스 제공기관의 최저임금 준수 의무

① 가사서비스 제공기관의 인증을 받기 위해서는 가사근로자에게 「최저임금법」 제5조에 따른 최저임금액 이상의 임금을 지급할 것이 요구됩니다(「가사근로자의 고용개선 등에 관한 법률 시행령」 제2조 제1항 제3호 참조).

③ 이를 위반한 가사서비스 제공기관의 사용자는 3년 이하의 징역 또는 2천만원 이하의 벌금에 처해집니다. 법인의 대표자, 대리인, 사용인, 그 밖의 종업원이 그 법인의 업무에 관해서 위의 위반행위를 하면 그 행위자를 벌하는 외에 그 법인도 벌금형에 처해집니다(「최저임금법」 제28조 제1항 및 제30조제1항).

④ 최저임금의 적용을 받는 가사근로자와 가사서비스 제공기관 사이의 근로계약 중 최저임금액에 미치지 못하는 금액을 임금으로 정한 부분은 무효로 하며, 이 경우 무효로 된 부분은 「최저임금법」으로 정한 최저임금액과 동일한 임금을 지급하기로 한 것으로 봅니다(「최저임금법」 제6조 제3항).

1-1-3. 가사서비스 제공기관의 최저임금 주지 의무

① 최저임금의 적용을 받는 가사서비스 제공기관이 가사근로자에게 주지시켜야 할 최저임금의 내용은 다음과 같고, 해당 최저 임금을 가사근로자가 쉽게 볼 수 있는 장소에 게시하거나 그 외의 적당한 방법으로 가사근로자에게 널리 알려야 합니다(「최저임금법」 제11조 및 「최저임금법 시행령」 제11조).
   - 적용을 받는 근로자의 최저임금액
   - 최저임금에 산입하지 아니하는 임금
   - 해당 사업에서 최저임금의 적용을 제외할 근로자의 범위
   - 최저임금의 효력발생 연월일

② 이를 위반하여 널리 알리지 않은 경우 100만원 이하의 과태료가 부과됩니다(「최저임금법」 제31조 제1항 제1호).

1-2. "최저임금"이란?

"최저임금"이란 근로자가 받는 임금의 최저수준을 보장하여 근로자의 생활안정과 노동력의 질적 향상을 도모하려는 것으로, 「최저임금법」에서 이를 규정하고 있습니다.

1-2-1. 「최저임금법」의 적용 범위

① 「최저임금법」은 근로자를 사용하는 모든 사업 또는 사업장(이하 "사업"이라 함)에 적용합니다. 다만, 동거하는 친족만을 사용하는 사업과 가사(家事) 사용인에게는 적용하지 않습니다(「최저임금법」 제3조 제1항).

② 또한, 「최저임금법」은 「선원법」의 적용을 받는 선원과 선원을 사용하는 선박의 소유자에게는 적용하지 않습니다(「최저임금법」 제3조 제2항).

③ 최저임금액은 매년 최저임금위원회의 심의를 거쳐 고용노동부장관이 정해 고시하며, 사용자는 이를 근로자에게 널리 알려야 합니다.

1-2-2. 최저임금액의 결정 방법

고용노동부장관은 다음의 위원으로 구성된 최저임금위원회에 심의를 요청하고 위원회가 심의해 의결한 최저임금안에 따라 최저임금을 결정해야 합니다(「최저임금법」 제8조 제1항 후단 및 제14조 제1항).

- 근로자위원: 근로자를 대표하는 위원 9명
- 사용자위원: 사용자를 대표하는 위원 9명
- 공익위원: 공익을 대표하는 위원 9명

1-2-3. 최저임금의 결정 기준과 사업 종류별 구분

① 최저임금은 근로자의 생계비, 유사 근로자의 임금, 노동생산성 및 소득 분배율 등을 고려하여 정합니다. 이 경우 사업의 종류별로 구분하여 정할 수 있습니다(「최저임금법」 제4조 제1항).

② 다만, 사업의 종류별 구분은 최저임금위원회의 심의를 거쳐 고용노동부장관이 정하는데, 2023년 1월 1일부터 2023년 12월 31일까지 적용되는 「2023년 적용 최저임금 고시」(고용노동부고시 제2022-67호, 2022. 8. 5. 발령, 2023. 1. 1. 시행)은 사업의 종류별 구분 없이 모든 사업장에 대해 최저임금을 시간급으로 정하고 있습니다.

1-2-4. 최저임금의 고시 및 사용자의 주지의무

① 고용노동부장관은 최저임금을 결정한 때에는 지체 없이 그 내용을 고시해야 하며, 고시된 최저임금은 다음 연도 1월 1일부터 효력이 발생합니다. 다만, 고용노동부장관은 사업의 종류별로 임금교섭시기 등을 고려해 필요하다고 인정하면 효력발생 시기를 따로 정할 수 있습니다(「최저임금법」 제10조 제1항 및 제2항).

② 최저임금의 적용을 받는 사용자는 ㉠ 적용을 받는 근로자의 최저임금액, ㉡ 최저임금에 산입하지 않는 임금, ㉢ 해당 사업에서 최저임금 적용을

제외할 근로자의 범위, ㉣ 최저임금의 효력발생 연월일을 그 사업의 근로자가 쉽게 볼 수 있는 장소에 게시하거나 그 외의 적당한 방법으로 최저임금 효력발생일 전날(12월 31일)까지 근로자에게 널리 알려야 합니다(「최저임금법」 제11조 및 「최저임금법 시행령」 제11조).

③ 근로자에게 위의 방법으로 최저임금의 내용을 널리 알리지 않은 사용자에게는 100만원 이하의 과태료가 부과됩니다(「최저임금법」 제31조 제1항 제1호).

1-2-5. 수습 근로자 및 도급제 등의 최저임금 특례

① 수습 근로자의 최저임금액: 1년 이상의 기간을 정하여 근로계약을 체결하고 수습 중에 있는 근로자로서 수습을 시작한 날부터 3개월 이내인 사람에 대해서는 시간급 최저임금액에서 100분의 10을 뺀 금액을 최저임금액으로 합니다.

② 다만, 단순노무업무로 고용노동부장관이 정하여 고시한 직종에 종사하는 근로자는 제외합니다(「최저임금법」 제5조 제2항 및 「최저임금법 시행령」 제3조).

③ 단순노무업무 직종에 종사하는 근로자는 「최저임금법 제5조에 따른 단순노무직종 근로자 지정 고시」(고용노동부고시 제2018-23호, 2018. 3. 19. 발령, 2018. 3. 20. 시행)에서 확인할 수 있습니다.

④ 도급제 등의 최저임금액: 임금이 도급제나 그 밖에 이와 비슷한 형태로 정해진 경우에 근로시간을 파악하기 어렵거나 그 밖에 「최저임금법」 제5조제1항에 따라 최저임금액을 정하는 것이 적합하지 않다고 인정되면 해당 근로자의 생산고(生産高) 또는 업적의 일정 단위에 따라 최저임금액을 정합니다(「최저임금법」 제5조 제3항 및 「최저임금법 시행령」 제4조).

1-3. 최저임금 지급의무

① 사용자는 최저임금의 적용을 받는 근로자에게 최저임금액 이상의 임금을 지급해야 하며, 「근로기준법」에 따른 최저임금을 이유로 종전의 임금수준을 낮춰서는 안 됩니다(「최저임금법」 제6조 제1항 및 제2항).

② 이를 위반하여 최저임금을 이유로 종전의 임금을 낮춘 자는 3년 이하의 징역 또는 2천만원 이하의 벌금에 처해집니다. 이 경우 징역과 벌금은 병과(倂科)할 수 있습니다(「최저임금법」 제28조 제1항).

1-4. 최저임금 미달 근로계약의 효력

최저임금의 적용을 받는 근로자와 사용자 사이의 근로계약 중 최저임금액에 미치지 못하는 금액을 임금으로 정한 부분은 무효로 하며, 이 경우 무효로 된 부분은 「최저임금법」으로 정한 최저임금액과 동일한 임금을 지급하기로 한 것으로 봅니다(「최저임금법」 제6조 제3항).

1-5. 최저임금에 산입하지 않는 임금의 범위

최저임금 적용을 위한 임금의 범위에는 매월 1회 이상 정기적으로 지급하는 임금을 산입(算入)합니다. 다만, 다음의 어느 하나에 해당하는 임금은 산입하지 않습니다(「최저임금법」 제6조 제4항 및 「최저임금법 시행규칙」 제2조).

산입 제외 임금	구체적 범위
소정근로시간 또는 소정의 근로일에 대하여 지급하는 임금 외의 임금	• 연장근로 또는 휴일근로에 대한 임금 및 연장·야간 또는 휴일 근로에 대한 가산임금 • 연차 유급휴가의 미사용수당 • 유급으로 처리되는 휴일(「근로기준법」 제55조제1항에 따른 유급휴일은 제외함)에 대한 임금 • 그 밖에 명칭에 관계없이 위에 준하는 것으로 인정되는 임금
상여금, 그 밖에 이에 준하는 것으로서 다음 임금의 월 지급액 중 해당 연도 시간급 최저임금액을 기준으로 산정된 월 환산액의 일정 비율(2022년의 경우 10%)에 해당하는 부분	• 1개월을 초과하는 기간에 걸친 해당 사유에 따라 산정하는 상여금, 장려가급(奬勵加給), 능률수당 또는 근속수당 • 1개월을 초과하는 기간의 출근 성적에 따라 지급하는 정근수당
식비, 숙박비, 교통비 등 근로자의 생활 보조 또는 복리후생을 위한 성질의 임금으로서 다음 어느 하나에 해당하는 것	• 통화 이외의 것으로 지급하는 임금 • 통화로 지급하는 임금의 월지급액 중 해당 연도 시간급 최저임금액을 기준으로 산정된 월환산액의 일정비율(2022년의 경우 2%)에 해당하는 부분

1-6. 최저임금이 적용되지 않는 예외

다만, 위의 최저임금의 지급의무(「최저임금법」 제6조 제1항)와 근로계약의 변경(「최저임금법」 제6조 제3항)은 다음 어느 하나에 해당하는 사유로 근로하지 않은 시간 또는 일에 대해 사용자가 임금을 지급할 것을 강제하는 것은 아닙니다(「최저임금법」 제6조 제6항).

- 근로자가 자기의 사정으로 소정근로시간 또는 소정의 근로일의 근로를 하지 않은 경우
- 사용자가 정당한 이유로 근로자에게 소정근로시간 또는 소정의 근로일의 근로를 시키지 않은 경우

1-7. 최저임금 적용 제외의 인가

① 정신 또는 신체의 장애가 업무 수행에 직접적으로 현저한 지장을 주는 것이 명백하다고 인정되는 사람으로서 사용자가 고용노동부장관의 인가를 받은 사람에 대하여는 최저임금의 효력규정(「최저임금법」 제6조)을 적용하지 않습니다(「최저임금법」 제7조 및 「최저임금법 시행령」 제6조).

② 인가기준
최저임금 적용 제외 인가기준은 다음과 같습니다(「최저임금법 시행규칙」 제3조 제1항 및 별표 3).

대상	인가기준
근로자의 정신 또는 신체의 장애가 해당 근로자를 종사시키고자 하는 업무의 수행에 직접적으로 현저한 지장을 주는 것이 명백하다고 인정되는 사람	• 정신 또는 신체 장애인으로서 담당하는 업무를 수행하는 경우에 그 정신 또는 신체의 장애로 같거나 유사한 직종에서 최저임금을 받는 다른 근로자 중 가장 낮은 근로능력자의 평균작업능력에도 미치지 못하는 사람(작업능력은 「장애인고용촉진 및 직업재활법」 제43조에 따른 한국장애인고 용촉진공단의 의견을 들어 판단)을 말함 • 인가기간은 1년을 초과할 수 없음

1-8. 인가신청 및 인가서 교부

① 최저임금 적용 제외의 인가를 받으려는 사용자는 관할 지방고용노동관서의 장에게 『정신·신체 장애로 인한 최저임금 적용 제외 인가신청서』에 다음 서류를 첨부하여 제출해야 합니다(「최저임금법 시행규칙」 제3조 제2항 및 별지 제1호서식).
  - 신청일이 속하는 달의 직전 달의 사업장 전체 근로자 임금 대장 사본 1부
  - 정신장애인이나 신체장애인임을 증명할 수 있는 서류 사본 1부
  - 친권자 의견서 사본 1부(지적장애, 정신장애 또는 자폐성장애 등으로 인한 신청의 경우만 해당함)

② 지방고용노동관서의 장은 인가 신청에 대하여 인가를 할 때에는 『정신·신체 장애로 인한 최저임금 적용 제외 인가서』를 발급해야 합니다. 이 경우 최저임금 적용이 제외되는 근로자에 대하여 유사 직종에 근무하는 근로자의 임금수준에 상응하는 임금을 지급할 것을 사용자에게 권고할 수 있습니다(「최저임금법 시행규칙」 제3조 제3항 및 별지 제2호서식).

2. 퇴직급여의 지급

2-1. 퇴직급여의 지급요건 및 산정

① 퇴직금은 1년 이상 계속 근로한 가사근로자가 퇴직하는 경우 지급합니다(「근로자퇴직급여 보장법」 제8조 제1항).

② 가사서비스 제공기관은 가사근로자가 계속 근로한 기간 1년에 대해 30일분 이상의 평균임금을 퇴직금으로 계산하여 퇴직하는 가사근로자에게 지급해야 합니다(「근로자퇴직급여 보장법」 제8조 제1항 참조).

2-2. 계속근로기간

계속하여 근로를 제공한 기간으로, 가사근로자가 근로계약을 체결하여 해지될 때까지의 기간(근로자가 입사한 날부터 퇴직한 날까지의 기간)을 의미합니다.

- 근로기간을 갱신하거나 동일한 조건의 근로계약을 반복하여 체결한 경우에는 갱신 또는 반복 기간을 모두 합산
- 고용 형태의 변경이 이루어져도 변경 전후의 기간 합산
- 기업의 합병·분할, 양도, 조직변경의 경우에도 근로관계가 포괄적으로 승계된 때 승계 전후의 기간 합산

2-3. 퇴직급여의 지급

① 가사서비스 제공기관은 가사근로자가 퇴직한 경우에는 그 지급사유가 발생한 날부터 14일 이내에 퇴직금을 지급해야 합니다(「근로자퇴직급여 보장법」 제9조 제1항 본문).

② 다만, 특별한 사정이 있는 경우에는 당사자 간의 합의에 따라 지급기일을 연장할 수 있습니다(「근로자퇴직급여 보장법」 제9조 제1항 단서).

③ 이를 위반하여 퇴직금을 지급하지 않은 경우 3년 이하의 징역 또는 3천만원 이하의 벌금에 처해집니다. 법인의 대표자나 법인 또는 개인의 대리인, 사용인, 그 밖의 종업원이 그 법인 또는 개인의 업무에 관해서 위의 위반행위를 하면 그 행위자를 벌하는 외에 그 법인 또는 개인도 벌금형에 처해집니다. 다만, 법인 또는 개인이 그 위반행위를 방지하기 위해 해당 업무에 관해서 상당한 주의와 감독을 게을리하지 않은 경우에는 그렇지 않습니다(「근로자퇴직급여 보장법」 제44조 제1호 및 제47조).

④ 가사서비스 제공기관은 퇴직하는 가사근로자에게 급여를 지급하기 위해 퇴직급여제도를 설정해야 합니다(「근로자퇴직급여 보장법」 제4조 제1항 본문).

⑤ 다만, 계속근로기간이 1년 미만이거나, 1주간 소정근로시간이 15시간 미만인 가사근로자에 대해서는 그렇지 않습니다(「근로자퇴직급여 보장법」 제4조 제1항 단서).

2-4. 퇴직금제도

퇴직금제도를 설정하려는 고용주는 계속근로기간 1년에 대하여 30일분 이상의 평균임금을 퇴직금으로 퇴직 근로자에게 지급할 수 있는 제도를 설정해야 합니다(「근로자퇴직급여 보장법」 제8조 제1항).

2-5. 의제되는 퇴직금제도

2005년 12월 1일 이전에 고용주가 근로자를 피보험자 또는 수익자로 하여 다음의 요건을 모두 갖춘 퇴직보험 또는 퇴직일시금신탁에 가입하여 근로자가 퇴직할 때 일시금 또는 연금으로 수령하게 하는 경우에는 퇴직금 제도를 설정한 것으로 봅니다[「근로자퇴직급여 보장법」 부칙(법률 제10967호, 2011. 7. 25.) 제2조 제1항 본문 및 「근로자퇴직급여 보장법 시행령」 부칙(대통령령 제23987호, 2012. 7. 24.) 제4조 제1항].

- 퇴직하는 근로자가 퇴직보험 등을 취급하는 금융기관(이하 "보험사업자 등"이라 함)에 직접 일시금 또는 연금(퇴직일시금신탁에 가입한 경우는 제외)을 선택하여 청구할 수 있을 것. 다만, 계속근로기간이 1년 미만인 근로자는 일시금 또는 연금을 청구할 수 없으며, 그 일시금 또는 연금은 고용주에게 귀속되는 것이어야 함

- 퇴직보험 등의 계약이 해지되는 경우의 환급금(이하 "해지 환급금"이라 함)은 피보험자 또는 수익자인 근로자에게 지급되는 것일 것. 다만, 계속근로기간이 1년 미만인 피보험자 또는 수익자인 근로자에 대한 해지환급금은 고용주에게 귀속되는 것이어야 함

- 퇴직보험 등에 따른 일시금·연금 또는 해지환급금을 받을 피보험자 또는 수익자인 근로자의 권리는 양도하거나 담보로 제공할 수 없는 것일 것

- 보험사업자 등이 퇴직보험 등의 계약 체결 전에 계약의 내용을 피보험자 또는 수익자에게 주지시키고 계약 체결 후에는 그 사실을 통지하는 것일 것

- 보험사업자 등이 매년 보험료 또는 신탁부금 납부 상황과 일시금 또는 연금의 수급 예상액을 피보험자 또는 수익자에게 통지하는 것일 것

2-6. 퇴직금 감소 예방조치

① 퇴직금제도를 설정한 고용주는 다음의 어느 하나에 해당하는 사유가 있는 경우 근로자에게 퇴직급여가 감소할 수 있음을 미리 알리고 근로자대표와의 협의를 통해 확정기여형퇴직연금제도나 중소기업퇴직연금기금제도로의 변경, 퇴직급여 산정기준의 개선 등 근로자의 퇴직급여 감소를 예방하기 위해 필요한 조치를 해야 합니다(「근로자퇴직급여 보장법」 제32조제5항).

- 고용주가 단체협약 및 취업규칙 등을 통해 일정한 연령, 근속시점 또는 임금액을 기준으로 근로자의 임금을 조정하고 근로자의 정년을 연장하거나 보장하는 제도를 시행하려는 경우

- 고용주가 근로자와 합의하여 소정근로시간을 1일 1시간 이상 또는 1주 5시간 이상 단축함으로써 단축된 소정근로시간에 따라 근로자가 3개월 이상 계속 근로하기로 한 경우

- 「근로기준법」(법률 제15513호, 2018. 3. 20. 일부개정, 2018. 7. 1. 시행)에 따라 근로시간이 단축되어 근로자의 임금이 감소하는 경우

- 그 밖에 임금이 감소되는 경우로서 「근로자퇴직급여 보장법 시행규칙」에서 정하는 경우

② 근로자에게 퇴직급여가 감소할 수 있음을 알리지 않거나 퇴직급여의 감소 예방을 위해 필요한 조치를 하지 않은 고용주는 500만원 이하의 벌금에 처합니다(「근로자퇴직급여 보장법」 제46조제3호).

3. 4대 사회보험

3-1. 가사근로자에 대한 보험 및 연금 가입

① 「가사근로자의 고용개선 등에 관한 법률」에 따른 가사서비스 제공기관의 인증을 받기 위해서는 가사근로자에 대한 다음의 보험 및 연금에 모두 가입할 것이 요구됩니다(「가사근로자의 고용개선 등에 관한 법률 시행령」 제2조 제1항 제2호 참조).

- 「고용보험 및 산업재해보상보험의 보험료징수 등에 관한 법률」에 따른 고용보험 및 산업재해보상보험

- 「국민건강보험법」에 따른 국민건강보험

- 「국민연금법」에 따른 국민연금

② 다만 해당 법률에 따른 가입대상이 아닌 가사근로자는 위의 보험 및 연금 가입에서 제외됩니다(「가사근로자의 고용개선 등에 관한 법률 시행령」 제2조 제1항 제2호 참조).

3-2. 가사근로자의 4대 사회보험 적용 및 지원

① 가사근로자에게 적용되는 4대 사회보험 적용·지원 여부를 정리하면 다음과 같습니다.

구분	가사근로자 적용 여부	보험료 지원 여부	지원 내용
국민건강 보험	O	X	–
산업재해 보상보험	O	X	–
고용보험	O	O	근로자와 사업주가 부담하는 각각의 보험료의 80/100에 해당하는 금액을 지원(24년 말까지 신규신청한 자에 한하여 3년간 지원)
국민연금	O	O	

② 직장가입자인 가사근로자의 국민건강보험료는 직장가입자와 가사서비스 제공기관의 사업주가 각각 보험료액의 100분의 50씩 부담합니다(「국민건강보험법」 제76조 제1항 본문 및 제3조 제2호 가목다목).

③ 산업재해보상보험료는 원칙적으로 가사서비스 제공기관의 사업주가 전액 부담합니다(「고용보험 및 산업재해보상보험의 보험료징수 등에 관한 법률」 제13조 제1항).

부록 : 관련법령과 판례

- 남녀고용평등과 일·가정 양립 지원에 관한 법률
- 남녀고용평등과 일·가정 양립 지원에 관한 법률 시행령

가사근로자의 고용개선 등에 관한 법률

(약칭: 가사근로자법)

[시행 2022. 6. 16.] [법률 제18285호, 2021. 6. 15., 제정]

제1장 총칙

제1조(목적) 이 법은 가사근로자의 근로조건과 가사서비스 제공기관의 인증 등에 관한 사항을 정함으로써 가사서비스와 관련하여 양질의 일자리를 창출하고 가사근로자의 고용안정과 근로조건 향상을 도모하는 것을 목적으로 한다.

제2조(정의) 이 법에서 사용하는 용어의 뜻은 다음과 같다.
1. "가사서비스"란 가정 내에서 이루어지는 청소, 세탁, 주방일과 가구 구성원의 보호·양육 등 가정생활의 유지 및 관리에 필요한 업무를 수행하는 것을 말한다.
2. "가사서비스 제공기관"이란 제7조에 따른 인증을 받고 이 법에 따라 가사서비스를 제공하는 기관을 말한다.
3. "가사서비스 이용자"(이하 "이용자"라 한다)란 가사서비스 제공기관과의 이용계약에 따라 가사서비스를 제공받는 사람을 말한다.
4. "가사근로자"란 가사서비스 제공기관의 사용자(「근로기준법」 제2조제1항제2호에 따른 사용자를 말한다. 이하 같다)와 근로계약을 체결하고, 이용자에게 가사서비스를 제공하는 사람을 말한다.
5. "입주가사근로자"란 가사근로자 중 이용자의 가구에 입주하여 가사서비스를 제공하는 사람을 말한다.

제3조(국가 등의 지원) ① 국가와 지방자치단체는 가사근로자의 고용안정, 권익 향상 및 일자리 창출 등을 위하여 노력하여야 한다.

② 국가와 지방자치단체는 가사근로자의 근로조건 향상 및 건전한 가사서비스 시장의 조성을 위하여 가사서비스 제공기관 및 가사근로자에 대한 다음 각 호의 지원 시책을 마련하여 실시할 수 있다.
1. 가사서비스 제공기관의 운영 등에 필요한 자문 및 정보 제공
2. 가사근로자의 전문성 향상을 위한 교육·훈련 지원
3. 가사근로자에 대한 고충처리, 상담 등 가사근로자의 권익 증진을 위하여 필요한 사항

제4조(가사근로자의 권익 증진) ① 가사서비스 제공기관과 이용자·이용자 가족(이하 이 조에서 "이용자등"이라 한다)은 가사근로자의 자유의사에 반하는 근로를 강요하여서는 아니 되며 가사근로자에게 휴게시간을 주는 등 적절한 근로환경을 제공하도록 노력하여야 한다.

② 가사서비스 제공기관은 가사서비스 제공과 관련하여 가사근로자와 이용자 간의 갈등 등 가사근로자가 제기하는 불편사항이나 고충 등을 처리하고 조정하기 위하여 노력하여야 하며, 가사근로자가 불편사항이나 고충 등을 제기하였다는 이유로 가사근로자에게 불이익한 조치를 하여서는 아니 된다.

③ 이용자등은 입주가사근로자의 사생활의 자유를 침해하여서는 아니 된다.

제5조(적용 범위) 이 법은 가사서비스 제공기관과 가사근로자의 근로관계 및 가사근로자가 이용자에게 제공하는 가사서비스 이용에 관하여 적용한다.

제6조(다른 법률과의 관계) ① 이 법의 적용을 받는 가사근로자는 「근로기준법」, 「남녀고용평등과 일·가정 양립 지원에 관한 법률」, 「최저임금법」 등 근로 관계 법령의 적용이 제외되는 가사(家事) 사용인으로 보지 아니하고, 이 법의 적용을 받는 가사근로자가 행하는 가사서비스는 「근로자퇴직급여 보장법」 등 근로 관계 법령의 적용이 제외되는 가구 내 고용활동으로 보지 아니한다.

② 가사근로자의 근로 관계에 관하여는 「근로기준법」 제17조, 제54조(입주가사근로자의 경우는 제외한다), 제55조, 제60조제1항·제2항·제4항 및 제5항을 적용하지 아니하고, 입주가사근로자의 근로 관계에 관하여는 「근로기준법」 제50조 및 제53조를 적용하지 아니한다.

제2장 가사서비스 제공기관

제7조(가사서비스 제공기관의 인증) ① 가사서비스 제공기관을 운영하려는 자는 다음 각 호의 요건을 모두 갖추어 고용노동부장관에게 인증을 받아야 한다.

1. 「민법」, 「상법」 또는 그 밖의 법률에 따라 설립된 법인일 것
2. 고용 인원 등 대통령령으로 정하는 기준에 따라 가사근로자를 유급 근로자로 고용(고용하려는 경우를 포함한다)하여 가사서비스를 제공하는 영업활동을 할 것
3. 가사근로자가 가사서비스를 제공하는 과정에서 안전사고 등으로 인하여 발생할 수 있는 인적·물적 손해에 대한 배상 수단을 갖추고 있을 것
4. 「근로자참여 및 협력증진에 관한 법률」 제26조에 따라 고충처리위원을 두는 경우를 포함하여 가사근로자가 불편사항이나 고충 등의 처리를 요청할 수 있는 수단을 갖추고 있을 것
5. 그 밖에 운영 등의 기준에 관하여 대통령령으로 정하는 사항을 갖출 것

② 제1항에 따라 인증을 받으려는 자는 고용노동부령으로 정하는 바에 따라 고용노동부장관에게 신청하여야 한다.

③ 제2항에 따른 인증 신청을 받은 고용노동부장관은 인증 여부를 심사하여 그 결과를 신청인에게 통지하고, 이 법에 따른 가사서비스 제공기관으로 인증한 경우에는 고용노동부령으로 정하는 방법에 따라 공시하여야 한다.

④ 가사서비스 제공기관은 인증받은 사항 중 고용노동부령으로 정하는 중요사항을 변경하려면 변경인증을 받아야 하며, 그 밖의 사항을 변경하려면 변경신고를 하여야 한다.

⑤ 이 법에 따라 가사서비스 제공기관으로 인증받지 아니한 기관은 이 법에 따라 인증받은 가사서비스 제공기관이라고 사칭하여서는 아니 된다.

⑥ 제3항 및 제4항에 따른 인증심사 기준, 방법, 결과 통지 및 변경인증·변경신고 절차 등에 필요한 사항은 고용노동부령으로 정한다.

제8조(결격사유) 다음 각 호의 어느 하나에 해당하는 사람은 가사서비스 제공기관의 대표자나 임원이 될 수 없다.

　　1. 미성년자, 피성년후견인 또는 피한정후견인
　　2. 파산선고를 받고 복권되지 아니한 사람
　　3. 금고 이상의 실형을 선고받고 그 집행이 끝나거나(집행이 끝난 것으로 보는 경우를 포함한다) 면제된 날부터 2년이 지나지 아니한 사람
　　4. 금고 이상의 형의 집행유예를 선고받고 그 유예기간 중에 있는 사람
　　5. 이 법을 위반하여 벌금형을 선고받고 그 형이 확정된 후 1년이 지나지 아니한 사람
　　6. 제23조제2항에 따라 인증이 취소된 가사서비스 제공기관의 대표자 또는 임원이었던 사람으로서 그 인증이 취소된 날부터 2년이 지나지 아니한 사람

제9조(가사서비스 제공기관의 준수사항) ① 가사서비스 제공기관은 제7조에 따라 인증받은 사실과 제공하는 가사서비스의 종류 및 내용, 가사서비스 이용요금 산정기준, 이용절차, 그 밖에 가사서비스 이용과 관련하여 고용노동부령으로 정하는 사항을 인터넷 홈페이지에 게시하는 등 고용노동부령으로 정하는 방법으로 공개하여야 한다.
② 가사서비스 제공기관은 제11조제1항 및 제2항에 따른 이용계약을 체결할 때 「근로기준법」 및 이 법에서 정하는 근로조건 등에 반하는 내용이 포함되지 아니하도록 하여야 한다.
③ 가사서비스 제공기관 및 가사근로자는 업무상 알게 된 이용자의 비밀을 다른 사람에게 누설하거나 업무 목적 외의 용도로 사용하여서는 아니 된다.

제10조(가사서비스 제공기관의 휴업 및 폐업 등) 가사서비스 제공기관은 업무를 휴업·폐업하거나 휴업한 업무를 재개하고자 하는 경우에는 고용노동부령으로 정하는 바에 따라 고용노동부장관에게 신고하여야 한다.

제3장 가사서비스의 제공

제11조(가사서비스의 이용계약) ① 가사서비스 제공기관은 이 법에 따라 가사서비스를 이용하려는 사람과 다음 각 호의 사항이 포함된 이용계약을 서면(「전자문서 및 전자거래 기본법」 제2조제1호에 따른 전자문서를 포함한다. 이하 제14조에서 같다)으로 체결하여야 한다.

　　1. 가사서비스의 종류
　　2. 가사서비스 제공일 및 제공시간
　　3. 가사근로자 휴게시간
　　4. 가사근로자의 안전에 관한 사항
　　5. 가사서비스 이용요금 및 이용료 지급방법
　　6. 가사서비스 제공 시 안전사고 등으로 발생할 수 있는 손해의 배상에 관한 사항
　　7. 그 밖에 가사서비스의 제공 및 가사근로자의 보호와 관련하여 고용노동부령으로 정하는 사항
② 가사서비스 제공기관은 입주하여 가사서비스를 제공하는 이용계약을 체결하는 경우

제1항 각 호의 사항 외에 다음 각 호의 사항이 이용계약에 반영되도록 하여야 한다.
1. 입주가사근로자의 기숙 공간
2. 입주가사근로자에 대한 식사 제공
3. 연속적인 휴게시간 보장
③ 가사서비스 제공기관은 제1항 및 제2항의 이용계약에 따른 가사서비스를 제공할 가사근로자에게 해당 이용계약의 내용을 미리 고지하여 가사근로자가 이용계약에 따라 가사서비스를 제공하도록 하여야 한다.
④ 이용자는 제1항 및 제2항에 따라 체결한 이용계약을 준수하여야 하며, 이용계약에서 정한 사항 외의 업무를 가사근로자에게 요구하여서는 아니 된다.
⑤ 고용노동부장관은 가사근로자의 근로조건 향상 및 건전한 가사서비스 시장의 조성을 위하여 제1항 및 제2항 각 호의 사항이 포함된 표준이용계약서를 마련하고, 가사서비스 제공기관에게 이를 사용하도록 권장할 수 있다.

제12조(아동의 보호·양육 서비스 제공 가사근로자의 결격사유) 가사서비스 제공기관은 다음 각 호의 어느 하나에 해당하는 가사근로자에게 만 12세 이하 아동의 보호·양육 서비스를 제공하게 하여서는 아니 된다.
1. 미성년자·피성년후견인 또는 피한정후견인
2. 정신질환자
3. 마약·대마 또는 향정신성의약품 중독자
4. 금고 이상의 실형을 선고받고 그 집행이 끝나거나(집행이 끝난 것으로 보는 경우를 포함한다) 면제된 날부터 3년이 지나지 아니한 사람
5. 금고 이상의 형의 집행유예를 선고받고 그 유예기간 중에 있는 사람
6. 「아동복지법」 제17조 위반에 따른 같은 법 제71조제1항의 죄, 「성폭력범죄의 처벌 등에 관한 특례법」 제2조에 따른 성폭력범죄 또는 「아동·청소년의 성보호에 관한 법률」 제2조제2호에 따른 아동·청소년대상 성범죄를 범하여 형 또는 치료감호를 선고받고 그 형 또는 치료감호의 전부 또는 일부의 집행이 끝나거나 유예·면제된 날부터 10년이 지나지 아니한 사람
7. 「아동복지법」 제3조제7호의2에 따른 아동학대관련범죄로 금고 이상의 실형을 선고받고 그 집행이 종료되거나 면제된 날부터 20년이 지나지 아니한 사람
8. 「아동복지법」 제3조제7호의2에 따른 아동학대관련범죄로 금고 이상의 형의 집행유예를 선고받고 그 집행유예가 확정된 날부터 20년이 지나지 아니한 사람
9. 「아동복지법」 제3조제7호의2에 따른 아동학대관련범죄로 벌금형을 선고받고 그 형이 확정된 날부터 10년이 지나지 아니한 사람

제13조(결격사유 확인을 위한 범죄경력 조회) ① 가사서비스 제공기관은 만 12세 이하 아동의 보호·양육 서비스를 제공할 가사근로자가 제12조제4호부터 제9호까지에 따른 결격사유에 해당하는지를 확인하기 위하여 본인의 동의를 받아 해당 소재지를 관할하는 시·도경찰청장 또는 경찰서장에게 「형의 실효 등에 관한 법률」 제6조에 따른 범죄경력조회를 요청하여야 한다. 다만, 가사근로자가 범죄경력조회 회신서를 가사서비스 제공기관에게 직접 제출한 경우에는 범죄경력조회를 한 것으로 본다.

② 제1항에 따라 범죄경력조회를 요청받은 시·도경찰청장 또는 경찰서장은 정당한 사유가 없으면 이에 따라야 한다.

③ 제1항에 따른 범죄경력조회를 요청받은 시·도경찰청장 또는 경찰서장은 제12조 제4호부터 제9호까지에 따른 결격사유에 해당하는지 여부만을 통보하여야 한다.

④ 제1항 및 제2항에 따른 범죄경력조회의 절차·범위 등에 필요한 사항은 대통령령으로 정한다.

제4장 가사근로자의 근로조건

제14조(근로조건의 명시) ① 가사서비스 제공기관의 사용자는 가사근로자와 근로계약을 체결할 때에 다음 각 호의 사항을 명시하여야 한다. 근로계약 체결 후 다음 각 호의 사항을 변경하는 경우에도 또한 같다.
   1. 임금(구성항목, 계산방법, 지급방법을 포함한다)
   2. 제15조에 따른 최소근로시간
   3. 제16조에 따른 유급휴일 및 연차 유급휴가
   4. 가사근로자가 제공하는 가사서비스의 종류와 내용
   5. 그 밖에 대통령령으로 정하는 근로조건에 관한 사항

② 가사서비스 제공기관의 사용자는 제1항 각 호의 사항이 명시된 서면을 가사근로자에게 교부하여야 한다. 다만, 제1항 각 호의 사항이 단체협약 또는 취업규칙의 변경 등 대통령령으로 정하는 사유로 인하여 변경된 경우에는 가사근로자의 요구가 있으면 그 근로자에게 교부하여야 한다.

③ 근로조건과 관련하여 이 법에서 「근로기준법」의 기준과 다른 기준을 정하고 있는 경우 이 법에서 정하는 근로조건의 기준에 미치지 못하는 근로계약은 그 부분에 한하여 무효로 한다.

④ 제3항에 따라 무효로 된 부분은 이 법에서 정한 기준에 따른다.

제15조(최소근로시간) ① 최소근로시간은 1주일에 15시간 이상이어야 한다. 다만, 가사근로자의 명시적인 의사가 있는 경우 또는 대통령령으로 정하는 경영상 불가피한 경우에는 1주일에 15시간 미만으로 정할 수 있다.

② 1주간 최소근로시간이 15시간 미만인 가사근로자에 대해서는 제16조를 적용하지 아니한다.

제16조(유급휴일 및 연차 유급휴가) ① 가사서비스 제공기관의 사용자는 가사근로자에게 「근로기준법」 제55조 및 제60조에 준하는 수준의 유급휴일 및 연차 유급휴가를 주어야 한다.

② 제1항에 따른 유급휴일 및 연차 유급휴가의 구체적인 산정기준과 유급휴일 및 연차 유급휴가 기간에 가사서비스 제공기관의 사용자가 가사근로자에게 지급하여야 하는 임금의 산정기준은 가사근로자가 실제 근로한 시간을 기준으로 대통령령으로 정한다.

③ 제1항에 따른 연차 유급휴가는 가사근로자가 청구한 시기에 주어야 한다. 다만,

가사근로자가 청구한 시기에 휴가를 주는 것이 사업 운영에 막대한 지장을 주는 경우에는 그 시기를 변경할 수 있다.

④ 가사근로자의 연차 유급휴가에 관하여 「근로기준법」을 적용할 때 제1항 및 제2항에 따른 연차 유급휴가는 「근로기준법」 제60조제1항·제2항 및 제4항에 따른 연차 유급휴가로 본다.

제17조(입주가사근로자에 관한 특례) ① 입주가사근로자의 실제 근로시간을 산정하기 어려운 경우에는 제11조제1항에 따른 이용계약에서 명시한 가사서비스 제공시간을 근로한 것으로 본다.

② 가사서비스 제공기관은 제11조제1항 및 제2항에 따라 입주하여 가사서비스를 제공하는 이용계약을 체결하는 경우 해당 가사서비스를 제공할 장소에 입주가사근로자를 위한 기숙 공간이 있는지를 미리 확인하여야 한다.

제5장 가사서비스의 촉진

제18조(조세 감면 및 사회보험료 지원) ① 국가와 지방자치단체는 가사서비스 제공기관과 이용자에 대하여 「조세특례제한법」, 「지방세특례제한법」, 그 밖의 조세 관계 법률에서 정하는 바에 따라 국세 또는 지방세를 감면할 수 있다.

② 국가는 가사서비스 제공기관과 가사근로자에 대하여 「고용보험 및 산업재해보상보험의 보험료징수 등에 관한 법률」에 따른 고용보험료 및 산업재해보상보험료, 「국민건강보험법」에 따른 보험료 및 「국민연금법」에 따른 연금보험료의 일부를 지원할 수 있다.

제19조(전산시스템의 구축·운영) ① 고용노동부장관은 가사서비스 제공기관의 가사서비스 제공 및 이용 등에 관한 정보를 종합적으로 제공하는 전산시스템을 구축하여 운영할 수 있다.

② 고용노동부장관은 제1항에 따른 전산시스템의 운영을 위하여 필요한 경우 가사서비스 제공기관에 제9조제1항에 따른 공개 대상 정보의 제출을 요구할 수 있다. 이 경우 가사서비스 제공기관은 정당한 사유가 없으면 해당 정보를 제출하여야 한다.

제20조(가사근로자 권익 증진에 관한 중요사항 심의) 이 법에 따른 가사근로자의 권익 증진에 관한 다음 각 호의 사항은 「고용정책 기본법」 제10조에 따른 고용정책심의회(이하 이 조에서 "고용정책심의회"라 한다)의 심의를 거쳐야 한다.

  1. 가사근로자의 고용안정과 근로조건 향상에 관한 중요 정책의 수립 및 제도개선에 관한 사항
  2. 그 밖에 고용정책심의회 위원장이 가사근로자의 권익 증진에 관하여 회의에 부치는 사항

제6장 조사 · 감독 등

제21조(실태조사) ① 고용노동부장관은 가사서비스의 품질 향상과 가사근로자의 근로 조건 개선을 위하여 필요한 경우에는 가사서비스 제공기관의 운영 현황, 가사서비스 이용자 만족도 등에 대한 실태조사를 실시할 수 있다.

② 고용노동부장관은 제1항에 따른 실태조사를 위하여 필요한 경우 가사서비스 제공 기관에 자료 제출이나 의견 진술 등을 요구할 수 있다. 이 경우 요구를 받은 가 사서비스 제공기관은 정당한 사유가 없으면 이에 따라야 한다.

③ 제1항에 따른 실태조사와 제2항에 따른 자료 제출의 요구방법 및 절차 등에 필요 한 사항은 고용노동부령으로 정한다.

제22조(지도 및 감독 등) ① 고용노동부장관은 가사서비스 제공기관에 대하여 감독상 필요할 때에는 대통령령으로 정하는 바에 따라 관계 공무원으로 하여금 가사서비스 제공기관의 사무실, 그 밖에 필요한 장소에 출입하여 장부, 서류, 그 밖의 물건을 검 사하게 하거나 관계인에게 질문을 하게 할 수 있고, 해당 기관에 대하여 그 업무에 관하여 보고하도록 명하거나 관계 서류 등의 자료를 제출하도록 명할 수 있다.

② 제1항에 따라 출입 · 검사를 하는 공무원은 그 권한을 나타내는 증표를 지니고 이 를 관계인에게 제시하여야 한다.

제23조(시정명령 및 인증 취소) ① 고용노동부장관은 가사서비스 제공기관이 다음 각 호의 어느 하나에 해당하는 경우에는 시정을 명할 수 있다.

1. 제4조제2항을 위반하여 가사근로자에게 불이익한 조치를 한 경우
2. 제7조제1항에 따른 인증 요건에 맞지 아니하게 된 경우
3. 제9조제1항을 위반하여 공개 대상 정보를 공개하지 아니하거나 거짓으로 정보를 공개한 경우
4. 제9조제2항을 위반하여 「근로기준법」 및 이 법에서 정하는 근로조건 등에 반하는 내용 이 포함된 이용계약을 체결한 경우
5. 제11조제1항 및 제2항을 위반하여 이용계약을 체결하지 아니하고 가사근로자에게 가사 서비스를 제공하게 하거나 이용계약 시 포함하여야 할 사항을 포함하지 아니하고 이용계 약을 체결한 경우
6. 제12조를 위반하여 가사근로자에게 만 12세 이하 아동의 보호 · 양육 서비스를 제공하게 한 경우
7. 가사근로자에게 제15조제1항에 따른 최소근로시간을 보장하지 아니한 경우. 다만, 같은 항 단서에 해당하는 경우는 제외한다.
8. 제19조제2항에 따른 정보 제출 요구에 정당한 사유 없이 따르지 아니한 경우 또는 거짓 정보를 제출한 경우
9. 제21조제2항에 따른 자료 제출 또는 의견 진술 요구에 정당한 사유 없이 따르지 아니한 경우 또는 거짓 자료를 제출하거나 거짓 의견을 진술한 경우
10. 정당한 사유 없이 제22조제1항에 따른 출입 · 검사를 거부 · 방해 또는 기피한 경우, 질 문에 대하여 진술을 거부하거나 거짓으로 진술한 경우 및 보고 또는 자료 제출 명령에 따르지 아니하거나 거짓된 보고 또는 자료 제출을 한 경우

② 고용노동부장관은 가사서비스 제공기관이 다음 각 호의 어느 하나에 해당하는 경우에는 인증을 취소할 수 있다. 다만, 제1호 또는 제4호에 해당하는 경우에는 인증을 취소하여야 한다.
    1. 거짓이나 그 밖의 부정한 방법으로 인증을 받은 경우
    2. 제1항에 따른 시정명령에 따르지 아니한 경우
    3. 폐업을 하거나, 인증을 받은 후 정당한 사유 없이 1년 이상 휴업한 경우
    4. 가사서비스 제공기관의 대표자 또는 임원이 제8조 각 호의 어느 하나에 해당하게 된 경우
    5. 그 밖에 정상적인 가사서비스 제공이 현저하게 곤란하다고 판단되는 경우
③ 고용노동부장관은 제2항제4호에 해당하는 사유로 가사서비스 제공기관의 인증을 취소하여야 할 때에는 미리 해당 대표자 또는 임원을 바꾸어 임명할 기간을 1개월 이상 주어야 한다.
④ 고용노동부장관은 제2항에 따라 가사서비스 제공기관의 인증을 취소하려는 경우에는 청문을 하여야 한다.
⑤ 제2항에 따라 인증이 취소된 가사서비스 제공기관은 인증이 취소된 날부터 2년 이내에는 다시 인증을 받을 수 없다.
⑥ 제1항에 따른 시정명령 및 제2항에 따른 인증 취소의 구체적 기준 및 절차 등에 필요한 사항은 고용노동부령으로 정한다.

제24조(권한 또는 업무의 위임·위탁) ① 이 법에 따른 고용노동부장관의 권한은 대통령령으로 정하는 바에 따라 그 일부를 지방자치단체의 장 또는 지방고용노동관서의 장에게 위임할 수 있다.
② 고용노동부장관은 다음 각 호의 업무를 대통령령으로 정하는 바에 따라 관련 전문기관 또는 단체에 위탁할 수 있다.
    1. 제19조제1항에 따른 전산시스템의 구축·운영
    2. 제21조제1항에 따른 실태조사
    3. 그 밖에 대통령령으로 정하는 업무
③ 국가는 제2항에 따라 위탁받은 기관 또는 단체에 그 위탁 업무의 처리에 드는 비용을 지원할 수 있다.
④ 제2항에 따라 위탁받아 업무를 수행하거나 수행하였던 사람은 업무상 알게 된 비밀을 누설하거나 업무 목적 외의 용도로 사용하여서는 아니 된다.

제25조(벌칙 적용에서 공무원 의제) 제24조제2항에 따라 고용노동부장관으로부터 위탁받은 업무에 종사하는 관련 전문기관 또는 단체의 임직원은 「형법」 제129조부터 제132조까지에 따른 벌칙을 적용할 때에는 공무원으로 본다.

제7장 벌칙

제26조(벌칙) ① 제16조제1항 또는 제3항을 위반하여 유급휴일 및 연차 유급휴가를 주지 아니하거나 가사근로자가 청구한 시기에 연차 유급휴가를 주지 아니한 자(같은 조 제3항 단서에 따른 경우는 제외한다)는 2년 이하의 징역 또는 2천만원 이하의 벌금에 처한다.

② 제9조제3항 또는 제24조제4항을 위반하여 업무상 알게 된 비밀을 누설하거나 업무 목적 외의 용도로 사용한 자는 1년 이하의 징역 또는 1천만원 이하의 벌금에 처한다.

③ 다음 각 호의 어느 하나에 해당하는 자는 500만원 이하의 벌금에 처한다.
  1. 제7조제5항을 위반하여 이 법에 따라 인증받은 가사서비스 제공기관임을 사칭한 자
  2. 제14조제1항 또는 제2항을 위반하여 근로계약에 해당 사항을 명시하지 아니하거나 해당 사항이 명시된 서면을 교부하지 아니한 자

제27조(양벌규정) 법인의 대표자나 법인의 대리인, 사용인, 그 밖의 근로자가 그 법인의 업무에 관하여 제26조의 위반행위를 하면 그 행위자를 벌하는 외에 그 법인에게도 해당 조문의 벌금을 과(科)한다. 다만, 법인이 그 위반행위를 방지하기 위하여 해당 업무에 관하여 상당한 주의와 감독을 게을리하지 아니한 경우에는 그러하지 아니하다.

제28조(과태료) ① 다음 각 호의 어느 하나에 해당하는 자에게는 500만원 이하의 과태료를 부과한다.
  1. 제7조제4항을 위반하여 변경인증을 받지 아니하거나 변경신고를 하지 아니한 가사서비스 제공기관
  2. 제11조제1항 및 제2항을 위반하여 이용계약을 체결하지 아니하고 가사근로자에게 가사서비스를 제공하게 하거나 이용계약 시 포함하여야 할 사항을 포함하지 아니하고 이용계약을 체결한 가사서비스 제공기관
  3. 제12조를 위반하여 만 12세 이하 아동의 보호·양육 서비스를 제공하게 한 가사서비스 제공기관
  4. 정당한 사유 없이 제22조제1항에 따른 출입·검사를 거부·방해 또는 기피한 자, 질문에 대하여 진술을 거부하거나 거짓으로 진술한 자 및 보고 또는 자료 제출을 하지 아니하거나 거짓된 보고 또는 자료 제출을 한 자

② 다음 각 호의 어느 하나에 해당하는 자에게는 300만원 이하의 과태료를 부과한다.
  1. 제10조를 위반하여 휴업·폐업 등의 신고를 하지 아니한 가사서비스 제공기관
  2. 제19조제2항에 따른 정보 제출 요구에 정당한 사유 없이 따르지 아니하거나 거짓 정보를 제출한 자
  3. 제21조제2항에 따른 자료 제출 또는 의견 진술 요구에 정당한 사유 없이 따르지 아니하거나 거짓 자료를 제출 또는 거짓 의견을 진술한 자

③ 제1항 및 제2항에 따른 과태료는 대통령령으로 정하는 바에 따라 고용노동부장관이 부과·징수한다.

부칙

〈제18285호, 2021. 6. 15.〉

제1조(시행일) 이 법은 공포 후 1년이 경과한 날부터 시행한다.

제2조(다른 법률의 개정) ① 고용정책 기본법 일부를 다음과 같이 개정한다.

제10조제2항에 제8호의2를 다음과 같이 신설한다.

8의2. 「가사근로자의 고용개선 등에 관한 법률」 제20조 각 호의 사항

② 사법경찰관리의 직무를 수행할 자와 그 직무범위에 관한 법률 일부를 다음과 같이 개정한다.

제6조의2제1항에 제17호를 다음과 같이 신설한다.

17. 「가사근로자의 고용개선 등에 관한 법률」

가사근로자의 고용개선 등에 관한 법률 시행령
(약칭: 가사근로자법 시행령)

[시행 2022. 6. 16.] [대통령령 제32659호, 2022. 5. 31., 제정]

제1조(목적) 이 영은 「가사근로자의 고용개선 등에 관한 법률」에서 위임된 사항과 그 시행에 필요한 사항을 규정함을 목적으로 한다.

제2조(가사서비스 제공기관의 인증 요건) ① 「가사근로자의 고용개선 등에 관한 법률」(이하 "법"이라 한다) 제7조제1항제2호에서 "고용 인원 등 대통령령으로 정하는 기준"이란 다음 각 호의 기준을 말한다.

1. 가사근로자를 5명 이상 상시 고용하고 있거나 고용할 예정일 것
2. 가사근로자(해당 법률에 따른 가입 대상이 아닌 가사근로자는 제외한다)에 대한 다음 각 목의 보험 및 연금에 모두 가입할 것
   가. 「고용보험 및 산업재해보상보험의 보험료징수 등에 관한 법률」에 따른 고용보험 및 산업재해보상보험
   나. 「국민건강보험법」에 따른 국민건강보험
   다. 「국민연금법」에 따른 국민연금
3. 가사근로자에게 「최저임금법」 제5조에 따른 최저임금액 이상의 임금을 지급할 것

② 법 제7조제1항제5호에서 "대통령령으로 정하는 사항"이란 다음 각 호의 사항을 말한다.

1. 대표자 외에 관리인력을 1명 이상 둘 것. 다만, 가사근로자가 50명 미만인 경우로서 대표자가 관리업무를 겸하는 경우에는 관리인력을 따로 두지 않을 수 있다.
2. 5천만원 이상의 자본금을 갖출 것. 다만, 비영리법인은 그렇지 않다.
3. 가사서비스 제공기관 운영을 위한 전용면적 10제곱미터 이상의 사무실을 갖출 것. 다만, 「직업안정법」에 따른 유료직업소개사업을 하고 있는 경우로서 해당 법령에 따른 사무실 요건을 갖춘 경우에는 사무실 요건을 갖춘 것으로 본다.
4. 「직업안정법」 등 다른 법률에 따라 가사서비스를 제공하고 있는 경우에는 가사서비스 제공기관으로서의 가사서비스 제공을 구분하여 운영할 것

제3조(범죄경력조회) ① 가사서비스 제공기관이 법 제13조제1항 본문에 따라 범죄경력조회를 요청하는 경우에는 고용노동부령으로 정하는 바에 따라 범죄경력조회 요청서에 다음 각 호의 서류를 첨부하여 주된 사업소의 소재지를 관할하는 시·도경찰청장 또는 경찰서장에게 제출해야 한다.

1. 가사서비스 제공기관 인증서 사본
2. 범죄경력조회 대상자의 동의서

② 만 12세 이하 아동의 보호·양육 서비스를 제공하는 가사근로자가 되려는 사람이 법 제13조제1항 단서에 따라 범죄경력조회 회신서를 가사서비스 제공기관에 직접 제출하기 위하여 범죄경력조회를 요청하는 경우에는 고용노동부령으로 정하는 바

에 따라 범죄경력조회 요청서에 다음 각 호의 서류를 첨부하여 시·도경찰청장 또는 경찰서장에게 제출해야 한다. 이 경우 시·도경찰청장 또는 경찰서장이 「전자정부법」 제36조제1항에 따른 행정정보의 공동이용을 통하여 제1호의 서류에 대한 정보를 확인할 수 있는 경우에는 그 확인으로 서류 제출을 갈음할 수 있다.

1. 본인의 신분을 증명하는 서류
2. 가사서비스 제공기관의 확인서

③ 제1항 또는 제2항에 따라 범죄경력조회를 요청받은 시·도경찰청장 또는 경찰서장이 법 제13조제3항에 따른 통보를 하는 경우에는 고용노동부령으로 정하는 바에 따라 범죄경력조회 회신서를 발급해야 한다.

제4조(근로계약 체결 시 명시해야 할 근로조건) 법 제14조제1항제5호에서 "대통령령으로 정하는 근로조건에 관한 사항"이란 다음 각 호의 사항을 말한다.

1. 가사서비스 제공 가능 요일 또는 날짜
2. 가사서비스 제공 가능 시간대
3. 가사서비스 제공 가능 지역

제5조(가사근로자의 요구에 따른 서면 교부) 법 제14조제2항 단서에서 "단체협약 또는 취업규칙의 변경 등 대통령령으로 정하는 사유로 인하여 변경된 경우"란 다음 각 호의 어느 하나에 해당하는 경우를 말한다.

1. 별표 1 제1호다목 단서에 따라 근로자대표(근로자의 과반수로 조직된 노동조합이 있는 경우에는 그 노동조합을 말하며, 근로자의 과반수로 조직된 노동조합이 없는 경우에는 근로자의 과반수를 대표하는 자를 말한다. 이하 같다)와 서면으로 합의하여 유급휴일을 특정한 근로일로 대체한 경우
2. 「근로기준법 시행령」 제8조의2 각 호에 해당하는 경우

제6조(경영상 불가피한 경우) 법 제15조제1항 단서에서 "대통령령으로 정하는 경영상 불가피한 경우"란 다음 각 호의 어느 하나에 해당하는 경우를 말한다.

1. 최소근로시간을 1주일에 15시간 미만으로 정하려는 날이 속하는 달의 직전 달(이하 이 조에서 "기준달"이라 한다)의 매출액이 다음 각 목의 어느 하나에 해당하는 매출액에 비하여 100분의 30 이상 감소한 경우
   가. 기준달이 속하는 연도의 직전 연도의 같은 달 매출액
   나. 기준달의 직전 3개월의 월평균 매출액
   다. 기준달이 속하는 연도의 직전 연도의 월평균 매출액
2. 기준달의 매출액과 기준달 직전 2분기의 분기별 월평균 매출액이 계속하여 각각 100분의 20 이상 감소하여 매출액이 감소 추세에 있는 경우

제7조(유급휴일 및 연차 유급휴가) 법 제16조제2항에 따른 유급휴일 및 연차 유급휴가의 구체적인 산정기준과 유급휴일 및 연차 유급휴가 기간에 가사서비스 제공기관의 사용자(이하 "사용자"라 한다)가 가사근로자에게 지급해야 하는 임금의 산정기준은 별표 1과 같다.

제8조(고용보험료 등의 지원) 법 제18조제2항에 따른 지원의 구체적인 대상, 지원 수준, 지원 기간, 지원 방법 및 절차 등에 관하여 필요한 사항은 가사근로자의 보수 수준이나 피보험자격의 취득 상황 등을 고려하여 고용노동부장관이 보건복지부장관과 협의하여 고시한다.

제9조(권한의 위임) 고용노동부장관은 법 제24조제1항에 따라 다음 각 호의 사항에 관한 권한을 지방고용노동관서의 장에게 위임한다.
1. 법 제7조에 따른 가사서비스 제공기관의 인증, 인증 신청 접수, 인증 심사, 인증 결과 통지·공시, 변경인증 및 변경신고 접수
2. 법 제10조에 따른 휴업·폐업 또는 업무재개 신고의 접수
3. 법 제19조제2항에 따른 공개 대상 정보의 제출 요구
4. 법 제22조에 따른 출입·검사·질문 및 보고·자료제출 명령
5. 법 제23조에 따른 시정명령, 인증 취소, 대표자 또는 임원을 바꾸어 임명할 기간 부여 및 청문
6. 법 제28조에 따른 과태료의 부과·징수(같은 조 제2항제3호에 따른 과태료의 부과·징수는 제외한다)

제10조(업무의 위탁) ① 법 제24조제2항제3호에서 "대통령령으로 정하는 업무"란 법 제18조제2항에 따른 고용보험료 및 연금보험료의 지원 업무를 말한다.
② 고용노동부장관은 법 제24조제2항에 따라 제1항의 업무를 다음 각 호의 구분에 따라 위탁한다.
1. 고용보험료 지원 업무: 「산업재해보상보험법」 제10조에 따른 근로복지공단
2. 연금보험료 지원 업무: 「국민연금법」 제24조에 따른 국민연금공단
③ 고용노동부장관은 법 제24조제2항에 따라 법 제19조제1항에 따른 전산시스템 구축·운영 업무를 「고용정책기본법」 제18조에 따른 한국고용정보원에 위탁한다.
④ 고용노동부장관은 법 제24조제2항에 따라 법 제21조제1항에 따른 실태조사 업무를 다음 각 호의 전문기관 또는 단체에 위탁할 수 있다.
1. 「정부출연연구기관 등의 설립·운영 및 육성에 관한 법률」에 따른 정부출연연구기관
2. 민간연구기관(「민법」 제32조에 따른 비영리법인으로 한정한다)
3. 그 밖에 고용노동부장관이 위탁 업무를 수행할 수 있는 인적·물적 능력을 갖추었다고 인정하는 기관 또는 단체
⑤ 고용노동부장관은 제4항에 따라 업무를 위탁하는 경우 위탁받는 기관 및 위탁 업무의 내용을 고시해야 한다.

제11조(민감정보 및 고유식별정보의 처리) 고용노동부장관(고용노동부장관의 권한 또는 업무를 위임·위탁받은 자를 포함한다)은 다음 각 호의 사무를 수행하기 위하여 불가피한 경우 「개인정보 보호법」 제23조에 따른 건강에 관한 정보(제3호의 사무로 한정한다), 같은 법 시행령 제18조제2호에 따른 범죄경력자료에 해당하는 정보(제2호 및 제3호의 사무로 한정한다) 및 같은 영 제19조제1호 또는 제4호에 따른 주민등록번

호 또는 외국인등록번호가 포함된 자료를 처리할 수 있다.

1. 법 제7조에 따른 가사서비스 제공기관의 인증, 변경인증 및 변경신고에 관한 사무
2. 법 제8조에 따른 결격사유 확인에 관한 사무
3. 법 제12조에 따른 결격사유 확인에 관한 사무
4. 법 제18조제2항에 따른 다음 각 목의 보험료 지원에 관한 사무
    가.「고용보험 및 산업재해보상보험의 보험료징수 등에 관한 법률」에 따른 고용보험료 및 산업재해보상보험료
    나.「국민건강보험법」에 따른 보험료
    다.「국민연금법」에 따른 연금보험료

제12조(과태료의 부과기준) 법 제28조제1항 및 제2항에 따른 과태료의 부과기준은 별표 2와 같다.

부칙

〈제32659호, 2022. 5. 31.〉

이 영은 2022년 6월 16일부터 시행한다.

[별표 1]

유급휴일 및 연차 유급휴가의 구체적인 산정기준 등(제7조 관련)

1. 유급휴일의 구체적인 산정기준 및 이에 대한 임금의 산정기준은 다음 각 목에서 정하는 바와 같다.

   가. 사용자는 가사근로자에게 1주일에 평균 1회 이상의 유급휴일을 보장해야 한다.

   나. 가목의 유급휴일은 제공대상시간(법 제11조제3항에 따라 사용자가 가사근로자에게 고지한 이용계약상 가사서비스 제공시간에서 법 제14조에 따라 근로계약에 명시된 근로조건에 맞지 않는 시간은 제외한 시간을 말한다. 이하 같다)을 1주간 실제 근로한 가사근로자에게 줘야 한다.

   다. 사용자는 「관공서의 공휴일에 관한 규정」 제2조 각 호(제1호는 제외한다)의 공휴일 및 같은 영 제3조에 따른 대체공휴일을 유급휴일로 보장해야 한다. 다만, 근로자대표와 서면으로 합의한 경우 특정한 근로일로 대체할 수 있다.

   라. 유급휴일에 대하여 사용자가 가사근로자에게 지급해야 하는 임금은 마목의 계산식으로 산정한 시간 수에 시간급 임금을 곱하여 산정한 일급 임금으로 한다. 이 경우 산정한 시간 수가 1시간 미만인 경우에는 1시간으로 올림하여 계산한다.

   마. 계산식

   $$\frac{\text{4주간(4주 미만으로 근로하는 경우에는 그 기간)}}{40\text{시간}} \times 8\text{시간}$$

   주 평균 실제 근로시간

2. 연차 유급휴가의 구체적인 산정기준 및 이에 대한 임금의 산정기준은 다음 각 목에서 정하는 바와 같다.

   가. 사용자는 1년간 실제 근로한 시간이 연간 제공대상시간의 80퍼센트 이상인 가사근로자에게 15일의 유급휴가를 줘야 한다.

   나. 사용자는 계속하여 근로한 기간이 1년 미만인 가사근로자 또는 1년간 실제 근로한 시간이 연간 제공대상시간의 80퍼센트 미만인 가사근로자가 1개월간 제공대상시간을 실제 근로한 경우 1일의 유급휴가를 줘야 한다.

다. 사용자는 3년 이상 계속하여 근로한 가사근로자에게는 가목에 따른 유급휴가 일수에 최초 1년을 초과하는 계속 근로 연수 매 2년마다 1일을 가산한 유급휴가를 줘야 한다. 이 경우 가산휴가를 포함한 총 유급휴가 일수는 25일을 한도로 한다.

라. 연차 유급휴가는 가목부터 다목까지의 규정에 따른 연차 유급휴가 일수를 기준으로 마목의 계산식에 따라 산정한 시간 단위로 줘야 한다. 이 경우 1시간 미만은 1시간으로 올림하여 계산한다.

마. 계산식

$$\text{연차 유급휴가 일수} \quad \times \quad \frac{\text{주 평균 실제 근로시간}}{40\text{시간}} \quad \times \quad 8\text{시간}$$

바. 마목의 주 평균 실제 근로시간은 가목에 따른 연차 유급휴가의 경우에는 연간 실제 근로시간을 해당 기간의 주 수로 나눈 시간으로 하고, 나목에 따른 연차 유급휴가의 경우에는 1개월간 실제 근로시간을 해당 기간의 주 수로 나눈 시간으로 한다.

사. 연차 유급휴가에 대하여 사용자가 가사근로자에게 지급해야 하는 임금은 라목에 따라 산정된 시간 수에 시간급 임금을 곱하여 산정한다.

[별표 2]

과태료의 부과기준(제12조 관련)

1. 일반기준

가. 위반행위의 횟수에 따른 과태료의 가중된 부과기준은 최근 1년간 같은 위반행위로 과태료 부과처분을 받은 경우에 적용한다. 이 경우 기간의 계산은 위반행위에 대하여 과태료 부과처분을 받은 날과 그 처분 후 다시 같은 위반행위를 하여 적발된 날을 기준으로 한다.

나. 가목에 따라 가중된 부과처분을 하는 경우 가중처분의 적용 차수는 그 위반행위 전 부과처분 차수(가목에 따른 기간 내에 과태료 부과처분이 둘 이상 있었던 경우에는 높은 차수를 말한다)의 다음 차수로 한다.

다. 부과권자는 다음의 어느 하나에 해당하는 경우에는 제2호의 개별기준에 따른 과태료의 2분의 1 범위에서 그 금액을 줄여 부과할 수 있다. 다만, 과태료를 체납하고 있는 위반행위자에 대해서는 그렇지 않다.

1) 위반행위가 사소한 부주의나 오류로 인한 것으로 인정되는 경우
2) 위반행위자가 법 위반상태를 시정하거나 해소하기 위하여 노력한 사실이 인정되는 경우

3) 위반행위자가 자연재해, 화재 등으로 재산에 현저한 손실이 발생하거나 사업 여건의 악화로 사업이 중대한 위기에 처하는 등의 사정이 있는 경우
4) 그 밖에 위반행위의 정도, 위반행위의 동기와 그 결과 등을 고려하여 과태료 금액을 줄일 필요가 있다고 인정되는 경우

2. 개별기준

위반행위	근거 법조문	과태료 금액(만원)		
		1차 위반 시	2차 위반 시	3차 이상 위반 시
가. 법 제7조제4항을 위반하여 변경인증을 받지 않거나 변경신고를 하지 않은 경우 1) 변경인증을 받지 않은 경우 2) 변경신고를 하지 않은 경우	법 제28조 제1항제1호	300 250	300 250	300 250
나. 법 제10조를 위반하여 휴업·폐업 등의 신고를 하지 않은 경우	법 제28조 제2항제1호	150	150	150
다. 법 제11조제1항 또는 제2항을 위반하여 이용계약을 체결하지 않고 가사근로자에게 가사서비스를 제공하게 하거나 이용계약 시 포함해야 할 사항을 포함하지 않고 이용계약을 체결한 경우 1) 이용계약을 체결하지 않고 가사근로자에게 가사서비스를 제공하게 한 경우 2) 이용계약 시 포함해야 할 사항을 포함하지 않고 이용계약을 체결한 경우	법 제28조 제1항제2호	300 250	400 250	500 250
라. 법 제12조를 위반하여 만 12세 이하 아동의 보호·양육 서비스를 제공하게 한 경우	법 제28조 제1항제3호	500	500	500

마. 법 제19조제2항에 따른 정보 제출 요구에 정당한 사유 없이 따르지 않거나 거짓 정보를 제출한 경우	법 제28조 제2항제2호			
1) 정보 제출 요구에 정당한 사유 없이 따르지 않은 경우		150	200	300
2) 정보 제출 요구에 거짓 정보를 제출한 경우		200	250	300
바. 법 제21조제2항에 따른 자료 제출 또는 의견 진술 요구에 정당한 사유 없이 따르지 않거나 거짓 자료를 제출 또는 거짓 의견을 진술한 경우	법 제28조 제2항제3호			
1) 자료 제출 또는 의견 진술 요구에 정당한 사유 없이 따르지 않은 경우		150	200	300
2) 자료 제출 또는 의견 진술 요구에 거짓 자료를 제출 또는 거짓 의견을 진술한 경우		200	250	300
사. 정당한 사유 없이 법 제22조제1항에 따른 출입·검사를 거부·방해 또는 기피하거나 질문에 대하여 진술을 거부하거나 거짓으로 진술한 경우 및 보고 또는 자료 제출을 하지 않거나 거짓된 보고 또는 자료 제출을 한 경우	법 제28조 제1항제4호			
1) 정당한 사유 없이 출입·검사를 거부·방해 또는 기피한 경우		500	500	500
2) 질문에 대하여 진술을 거부하거나 거짓으로 진술한 경우		300	400	500
3) 보고 또는 자료 제출을 하지 않거나 거짓된 보고 또는 자료를 제출한 경우		300	400	500

▣ 편 저 이기욱 ▣

· 한양대학교 법학과(법학박사)
· 한국조세연구소 책임연구원
· 호원대학교 법경찰학과 교수(현재)

여성 근로자, 가사 근로자
보호와 지원제도 살펴보기

2024년 02월 25일 인쇄
2024년 02월 29일 발행

편   저   이기욱
발행인   김현호
발행처   법문북스
공급처   법률미디어

주소   서울 구로구 경인로 54길4(구로동 636-62)
전화   02)2636-2911~2, 팩스 02)2636-3012
홈페이지   www.lawb.co.kr

등록일자   1979년 8월 27일
등록번호   제5-22호

ISBN   979-11-93350-25-6(13330)

정가   24,000원